Von einem Schweizer stammt die Übersetzung des Namens für die Staatsform des heutigen Deutschland. In der Schweiz wurde der erste Verfassungsentwurf für ein republikanisches Deutschland gedruckt und wahrscheinlich auch redigiert. Bevor schwarz-rot-gold zu den deutschen Farben wurde, bezeichneten sie die Republik Genf und wurden für die Nationalfahne der helvetischen Schweiz in Betracht gezogen. Eine gemeinsame süddeutsche-schweizerische Republik wünschten sich einige und nicht die schlechtesten Köpfe auf beiden Seiten des Hochrheins, und als das nicht ging, dachten wieder ganz andere an ein Königreich Helvetien bis an den Neckar oder den Main unter der Krone des badischen Hauses.

Es ist gewiß keine schlechte, wenn auch meistens übersehene Bilanz im Verhältnis der ungleichen Nachbarn, die Markus Kutter in seinem anregenden Essay zieht. Aus ihr wird verständlich, weshalb die kleine Republik im Zentrum Europas noch heute dem Eigensinn folgt, während der ungleich große Bruder erst nach katastrophischen Umwegen in die Existenz einer friedlichen, europäischen Republik fand. Kutters Erzählung über die vergessenen Gemeinsamkeiten in den Beziehungen beider Nationen vermag einen Schlüssel zum Verständnis der Gegenwart zu liefern: zur beharrlichen Weigerung der Helvetier, sich ins europäische Boot zu begeben, ebenso wie zur Entschlossenheit der Westdeutschen, sich als Bürger einer europäischen Bundesrepublik zu verstehen.

Markus Kutter, geboren 1925, studierte Geschichte in Basel, Paris, Genf und Rom, war Redakteur in der chemischen Industrie, Werbeberater und ist heute Inhaber einer Agentur für Öffentlichkeitsarbeit, die sich zunehmend mit historischen Stoffen befaßt. Er arbeitet und wohnt in Basel – mit Aussicht auf die Vogesen und den Schwarzwald.

Markus Kutter

Die Schweizer und die Deutschen

Es hätte auch ganz anders kommen können ...

Fischer
Taschenbuch
Verlag

Dieses Buch wurde durch Hanspeter Kersten
Waldshut/Basel in der Grundschrift
des Deutschen Justus Walbaum (1768 – 1837)
und der Titel- sowie Legendenschrift Syntax
von Hans Eduard Meier, geboren 1922
in Horgen bei Zürich, gestaltet.
Also auch da eine schweizerisch-deutsche
Zusammenarbeit über 200 Jahre hinweg.

Veröffentlicht im Fischer Taschenbuch Verlag GmbH,
Frankfurt am Main, September 1997

Lizenzausgabe mit freundlicher Genehmigung
des Ammann Verlags, Zürich

Druck und Bindung: Clausen & Bosse, Leck
Printed in Germany
ISBN 3-596-13459-5

Gedruckt auf chlor- und säurefreiem Papier

Meiner aus der Freien Reichsstadt Esslingen
gebürtigen Frau Gisela zugeeignet

Die in der Welt herrschenden Vorstellungen sind die eigentlichen Grundlagen aller in der Welt bestehenden großen und kleinen Anstalten. Vergeht die Meinung von ihrem Werth, so vergehen die alten Grundpfeiler ihres Bestandes. Wie die Begriffe der Menschen sich änderten, haben sich die Verfassungen, Sitten, Gewerbe, höhere und niedere Bedürfnisse, ja sogar die Glaubensgebäude der Völker zum Bessern oder Schlimmern geändert!

Heinrich Zschokke in
»Die Liebe der Ausgewanderten«

Est enim historia proxima poetis et quodammodo carmen solutum et scribitur ad narrandum non ad probandum.

Quinctilianus Inst. orat. X.1.31.

1. Was haben sie nur, die Schweizer?

Genf soll UNO-Stadt bleiben, aber den Beitritt zur UNO haben sie in einer Volksabstimmung abgelehnt. Zürich soll als Finanzplatz mit London und Frankfurt konkurrieren, aber das gleiche Volk hat eine Alpeninitiative angenommen, die die europäischen 40-Tonnen-Lastwagen von der Straße verdammt und alle Laster auf die Schienen zwingen will. In Basel sitzt die weltweit stärkste Konzentration von Pharmafirmen, aber dem Europäischen Wirtschaftsraum, dessen meiste Mitglieder schon in die Europäische Union drängen, haben die Schweizer Stimmberechtigten die Zustimmung versagt. Sie sind, umgerechnet pro Kopf, das größte Import- und Exportland Europas, aber ihre Soldaten (eine Armee größer als die der Bundesrepublik!) sollen nach dem Volkswillen auch in Friedensmissionen keine Blauhelme tragen dürfen.

Was haben sie nur?

Vier Landessprachen, drei Kulturkreise – deutsch, französisch, italienisch –, Kamelien, Gletscher, Staudämme, Hartkäse, Atomkraftwerke, eine von der D-Mark (sagt man) und vom Ecu unabhängige Währung. Ist es die Angst eines kleinen Landes vor den übermächtigen europäischen Nachbarn? (Das Verhältnis der Schweiz zur Bundesrepublik läuft auf 1:12 hinaus.)

Aber das noch viel kleinere Fürstentum Liechtenstein, das sogar in Schweizerfranken zahlt und rechnet, hat zum Europäischen Wirtschaftsraum ja gesagt und ist Mitglied der UNO. Die Schweizer Arbeitslosenquote im Rezessionsjahr 1993 war fast die niedrigste in ganz Europa, dafür sind die durchschnittlichen Einkommen der Schweizer die höchsten der Welt. Und wenn der Dollar als Basiswährung für deren Berechnung wieder einmal fällt, klettern sie noch höher.

Was haben sie nur?

Sie haben in der eigenen Bevölkerung einen Ausländeranteil, der in Ländern wie Frankreich oder Deutschland zu unlösbaren innenpolitischen Krisen führen müßte. Sie gehören in Europa zu den Staaten mit den am schlechtesten bezahlten Parlamentsmitgliedern. Dafür dürfte die Computerdichte die höchste in der Welt sein. Sie haben eine Staatsverfassung, die in der zweiten Kammer, dem Ständerat, das Gewicht von 40 000 Bürgerinnen und Bürgern im Kanton Glarus so wichtig hält wie die über eine Million zählende Bevölkerung im Kanton Zürich. Sie haben zweisprachige Gliedstaaten, sogar einen dreisprachigen, und können sich nicht vorstellen, daß man die Schweiz jemals nach ethnischen Kriterien einrichten könnte. Wenn sie Volksfeste feiern, gebärden sie sich bäuerlich, aber schon im Banken- und Versicherungsbereich arbeiten wahrscheinlich mehr Personen als auf Bauernhöfen.

Es ist, unter der Oberfläche einer fast bestürzend effizienten Normalität, ein kurioses, vielleicht sogar verbocktes Volk. Womit soll man das erklären? Gewiß nicht mit dem alten Herkommen, nach dem der Vater auf seine Kinder das Bürgerrecht in einer Gemeinde, in einem Kanton und erst dann in der Schweiz vererbt. In den großen Randstädten Basel und Genf betrug der Ausländeranteil um 1900 schon über 30 Prozent und stieg nur darum nicht weiter an, weil man so fleißig einbürgerte wie neue Zuzüger aufnahm. Im Telefonbuch von Basel ließen sich ganze Spalten mit Namen füllen, die aus dem Elsaß, aus Südbaden und Italien stammen. Eine Nation des gemeinsamen Blutes ist das nicht. Auch nicht des Klimas, da dieses so gut wie alle Varianten kennt: ewiges Eis und Palmen, tobenden Föhn und im Jura ein kleines Sibirien, die sirrende Klarheit des Oberengadins und den Hitzestau der oberrheinischen Tiefebene. Wirtschaftlich sind die Unterschiede zwischen Oberitalien und dem Tessin, zwischen der Gegend von Lyon und dem Welschland, zwischen Vorarlberg und der Ostschweiz, zwischen Süddeutschland und der Nordschweiz unerheblich und kaum ins Auge fallend, nur daß in der Schweiz die Verkehrswege sichtbar dichter geknüpft sind.

Was dieses an die innereuropäischen Alpen geschobene Land im Umriß einer holperig gezeichneten Schildkröte von seinen nächsten europäischen Nachbarn am meisten unterscheidet, ist die politische Struktur. Es ist ein Bundesstaat, nach dem System der direkten Demokratie, aus so auffällig kleinen Einheiten zusammengesetzt, daß es mehr als ein deutsches Bundesland gibt, das größer und bevölkerungsreicher als die ganze Schweiz ist. Das Wissen um die relative Kleinheit, doch nicht Unerheblichkeit, ist Teil des schweizerischen Grundgefühls. Sie ist keine europäische Macht erster Ordnung, auch nicht zweiter, und will das nicht sein. Das verbietet schon ihre räumliche Ausdehnung; zu den freundlichen Armeewitzen gehört die Feststellung, daß die Piloten schweizerischer Kampfflugzeuge geübter im Bremsen und Wenden als im Gasgeben sind.

Der größte Nachbar dieses Kleinstaates ist jetzt, jetzt wieder, die Bundesrepublik Deutschland. Eine – wie die Österreicher – deutsch sprechende Nation –, und schon wird es schwierig. Denn im Unterschied zu den französisch sprechenden Schweizerinnen und Schweizern sprechen die Deutschschweizer in der Regel nicht deutsch, sondern verschiedene alemannisch geprägte Dialekte; deutsch im Sinn der Hochsprache schreiben sie, lesen sie, halten Ansprachen. Der größere Teil der Schweiz ist in diesem Sinn zwar deutschsprachig, aber spricht nicht deutsch. Er tut es nicht, weil er nicht will. Das ist kein Abwehrreflex, es ist Gewohnheit, Selbstverständlichkeit, vielleicht ein Zeichen der Zuwendung zu einer Eigenheit, die letzten Endes wieder einen politischen Kern hat. Man kann sie nationale Identität nennen. Sie ist insofern überraschend, als sie nicht nur die sprachlichen und (reichlich verwaschenen) ethnischen Zugehörigkeiten überspannt und umfaßt, sondern den kleineren französisch und italienisch sprechenden Teilen der Schweiz ein im einzelnen schwer vergleichbares, im gesamten aber ähnliches Differenzierungsbedürfnis zu den unmittelbaren französischen und italienischen Nachbarn unterschiebt.

Sie wollten liberi e svizzeri sein, frei und Schweizer, verkündeten am Ende des 18. Jahrhunderts die Tessiner, als die Cisalpinische Republik um sie warb. Man sollte genau hinhören: nicht freie Schweizer, sondern frei und Schweizer. Das erste bezog sich auf den bisherigen Stand als Untertanen, das zweite bezog sich auf eine damals völlig neu entworfene Schweiz.

Wer von Politik spricht, begibt sich auf historischen Boden. Die Schweizer waren Teil des Heiligen Römischen Reiches Deutscher Nation, der gute Kaiser Heinrich im 11. Jahrhundert machte aus der burgundischen Stadt Basel wieder eine Reichsstadt. Die Schweiz war zähringisch, damals Teil einer zweisprachigen Herrschaft, die von Freiburg im Breisgau bis über Genf hinausreichte. Die Stammlande der Habsburger lagen erst im Elsaß, dann in der Schweiz; der Gegensatz von Eidgenossen und dem reichstreuen österreichischen Adel datiert von später. Der Schwabenkrieg, in Deutschland Schweizerkrieg geheißen, trennte am Hochrhein 1499 erstmals die Leute, die auf beiden Seiten das gleiche Alemannisch sprachen. Eine Folge war, daß Basel und Schaffhausen, beide mit rechtsrheinischen Besitzungen, 1501 eidgenössisch wurden. Kuhschweizer und Sauschwaben waren die zoologisch austarierten Verbalinjurien. Folgerichtig schlug die Kirchenreformation einen lutheranischen, einen zwinglianischen und anschließend einen calvinistischen Weg ein. Für Grimmelshausen, der im Dreißigjährigen Krieg die Kämpfe in der Gegend von Breisach selber erlebt hatte, bedeutete die vom Krieg verschonte Schweiz eine Insel des Friedens und des Glücks. In den Friedensschlüssen von Münster und Osnabrück 1648 konnte die Schweiz ihre Unabhängigkeit vom Reich dank dem Basler Bürgermeister Wettstein vertraglich absichern. Der Wiener Kongreß von 1815 gab ihr die heutige territoriale Gestalt, die bundesstaatliche Verfassung von 1848 die politische Form. Der deutsch-französische Krieg von 1870, in dessen Folge ein deutsches Kaiserreich entstand, schuf in der deutschen Schweiz ein psychologisch schwieriges Beziehungsproblem: Während die Welschschweizer sich seit der Französischen Revolution als Nachbarn einer großen Republik zu verstehen lernten, mußten die Deutschschweizer sich vom Nachbarn des Großherzogtums Baden und des Königreichs Württemberg zu dem eines deutschen Kaisers in Berlin wandeln. Das ging nicht ganz auf.

Es ging nicht auf, weil seit dem 15. Jahrhundert deutlich geworden war, daß links vom Hochrhein auf schweizerischer Seite Republiken das Sagen haben würden, auch als Herrscher über Untertanen, während rechts vom Hochrhein weltliche und geistliche Landesherren die bestenfalls städtischen Republiken wie Ulm oder Esslingen in die Botmäßigkeit zwangen. Die alte Eidgenossenschaft war ein im Prinzip republikanisches

Bündnissystem gewesen, auch wenn die einzelnen Oligarchien sehr betont als Gnädige Herren regierten; die Helvetische Republik von 1798 war der Versuch, diese isolierten Republiken zu einer Einheitsrepublik zu machen, der Bundesstaat von 1848 war lupenrein republikanisch und föderalistisch. Im gleichen Zeitraum aber verfestigten sich in Süddeutschland landesherrliche und dann monarchische Strukturen im Großherzogtum Baden, den Königreichen Württemberg und Bayern. Ihre nachfolgende Überhöhung durch ein preußisches Kaisertum schuf erstmals den eklatanten Größenunterschied zwischen der Schweiz und Deutschland und zwang einen im Herzen so baslerisch wie markgräflich gesinnten Jacob Burckhardt zur Differenzierung zwischen dem benachbarten Wiesental und der Kanzlerschaft Bismarcks. Deutsch war der gebildete Deutschschweizer dank seiner Einbindung ins deutsche Geistes- und Kunstleben (die Schweizer Maler in München!), politisch war er wie durch eine unsichtbare Nabelschnur der République Française verbunden. Sich auch politisch mit Deutschland zu identifizieren, hätte einen Bruch, sogar einen Verrat an dieser republikanischen Idee bedeutet.

Der Erste Weltkrieg führte die Schweiz in einen Sympathie- und Gesinnungskonflikt, aber keine tatsächliche politische Krise; der Zweite Weltkrieg steigerte den Wert der vom Wiener Kongreß postulierten (und nicht immer redlich verwalteten) Neutralität ins Unermeßliche. Die Abgrenzung zum Dritten Reich war eindeutig, ohne hundertprozentig zu sein. Seither hat sich in Europa viel, in der Schweiz wenig getan.

Eine Besonderheit – ohne sogleich für einen schweizerischen Sonderfall zu plädieren – ist den vier großen europäischen Nachbarn der Schweiz, also Frankreich, Italien, Österreich und Deutschland, schwer verständlich zu machen, weil sie auch viele Schweizerinnen und Schweizer kaum realisieren: Im Unterschied zu diesen vier Nationen liegt die Stunde Null (ich nenne sie einmal so) für die Schweiz erstaunlich weit zurück. Das Frankreich von heute ist die dank de Gaulle siegreich von Algier und London zurückkehrende Republik; das Italien von heute ist die aus der Diktatur Mussolinis erstmals entstandene Republik; das Österreich von heute ist die dank der Sowjetunion im Staatsvertrag nach dem Zweiten Weltkrieg geschaffene neue Republik; Deutschland ist die aus westlichen Besatzungszonen zusammengeführte Bundesrepublik von 1949. Was früher war, ist Geschichte, möchte manchmal nur noch Geschichte sein. Der Schweizerische Bundesstaat von 1848 aber ist ohne Bruch 100 Jahre älter als alle Verfassungen seiner Nachbarstaaten, und wenn man für die Schweiz von heute nach einer Stunde Null sucht, stellt sich ernsthaft die Frage, ob diese nicht sogar noch einmal 50 Jahre weiter zurückliegt, nämlich bei der helvetischen Einheitsrepublik von 1798.

Sagen wir es zugespitzter: Der einzige mitteleuropäische Staat mit einer 150 Jahre alten (zwar revidierten) Verfassung, die fast bruchlos auf das jakobinische Denken im Paris von 1792/3 zurückgeht, ist die Schweiz. Sie hat 1798 einen Schritt in die Moderne getan, der eigentlich nur mißlingen konnte; sie hat aus dem Ideenkrieg der 1848er Revolutionen das Fundament zu einem Staatswesen aufmauern können, das sich politisch im Vergleich zu den nächsten Nachbarn als überraschend solide und stabil erwies. Sie hat das 1798 erstmals entworfene und 1848 gebaute Haus über viele Generationen ohne Abriß und Umbau möbliert, dekoriert und sanft renoviert. Nicht zuletzt ihre relative Kleinheit hat sie die Stürme der letzten zwei Weltkriege überstehen lassen. Wohingegen Deutschland wiederholte Null-Stunden erlebte, die sich durch Städte- und Personennamen bezeichnen lassen: Frankfurt, Bismarck, Wilhelm II., Weimar, Hitler, Stalingrad, Adenauer.

Die im Geist des klassischen Liberalismus errichtete Schweiz von 1848, durch böse Erfahrungen in der napoleonischen Epoche auf das Credo der Neutralität eingeschworen, ist als einer der damals forschrittlichsten Staaten in einem Maß erfolgreich gewesen, das sie sich sogar selber nicht zugetraut hätte. Sie ist darum – und nicht trotzdem – ein konservatives Land. Sie ist ein Nachfahr oder ein Überbleibsel einer bürgerlichen Epoche. Ein guter Teil des Zutrauens, das sie bei vielen Menschen in den Nachbarstaaten noch immer genießt (und wäre es nur in der Form eines Kontos in der Schweiz), geht darauf zurück. Sie hat, freilich erst lange nach 1848, die Volksrechte in der Form des Referendums und der Initiative verwirklicht. Das war, im Geist des Marquis de Condorcet von 1793, der Ehrgeiz, den Staat à jour und reformfähig zu halten. Und jetzt stimmen die Leute, zur Überraschung der Medien, der Regierung und häufig auch der Parlamente, konservativ – nicht in einem ideologischen Sinn, sondern um die gegebenen Verhältnisse noch ein wenig weiter zu bewahren. Keine UNO, kein Europäischer Wirtschaftsraum, keine Europäische Union, keine Blauhelme, keine 40-Tonnen-Laster quer durch das Land, kein Ecu, kein Maastricht – was haben sie nur?

Das vorliegende Buch will nicht Antwort auf diese Fragen geben. Es will sich nicht mit der seelischen Lage der Schweiz von heute und ihrer Bürgerinnen und Bürger befassen, will sich keine politische oder soziologische Analyse vornehmen. Sein Interesse ist historisch. Seine Prämisse lautet, daß geschichtliche Ereignisse und Figuren gerade dann, wenn sie ins Vergessen zu versinken drohen oder schon gesunken sind, untergründig weiterwirken und erst recht bei den Leuten, die sich in einem Leben ohne Geschichte wohl fühlen und Gefühlslagen sowie Befindlichkeiten perpetuieren, deren ursprüngliche Strickmuster verloren gingen.

Die Schweiz von heute, die sich mit dem anstrengenden Jubiläumsjahr 1998 – 200 Jahre Helvetik und 150 Jahre Bundesstaat – konfrontiert sieht (und wie wird Deutschland die 150 Jahre seit der Frankfurter Bundesversammlung begehen?), fühlt sich von Deutschland weder moralisch (wie 1870) noch politisch (wie 1914–1918) noch militärisch (wie 1939–1945) bedroht. Die mit Benzin übergossene Leiche im Berliner Führerbunker hat auch ein Menetekel ausgelöscht. Die Schweiz hat davon profitiert, durchaus legitim, mit einer intakten Wirtschaft, Währung, Gesellschaft und Politik in die europäische Nachkriegs- und Aufbauperiode eintreten zu können, und sie hat sich dadurch Vorteile über die durch ihre Größenordnung gegebene Relation zu ihren Nachbarstaaten verschafft. So hat sie keine Veranlassung gesehen, ihr altes (in der Politik: 150 Jahre altes) System zu ändern. Mit der zuerst westdeutschen und jetzt wiedervereinigten Bundesrepublik hat sich eine im gesamten friedfertige Arbeitsteilung ergeben, von der beide, als Exporteure und Importeure, gut leben. Eine mehr als 100 Jahre alte Animosität, die in der Schweiz mit dem Neuenburger Handel von 1856 (Preußens Anspruch auf das schweizerische Neuenburg) begann und im Abscheu vor Hitler kulminierte, scheint endgültig begraben.

Nun aber zeigen die am Fernsehen vorgeführten Landkarten in einem farbig unterlegten Europa in der Mitte mehr und mehr eine weiße Insel, mit der die Mitglieder der Europäischen Union nichts anzufangen wissen. Die Schweiz gerät in den Zustand eines gerade noch, also auf Zeit, unwirsch oder nachsichtig Geduldeten. Das macht nicht fröhlich, die Schweizer am wenigsten. Diese Lage erinnert dumpf, das heißt auch bei denen, die davon nichts wissen wollen, an Napoleon, Metternich, Bismarck. Heimlich werden zwischen Basel und Chiasso zwei Wetten eingegangen. Die eine lautet: daß auch die Schweiz unter dem Zwang wirtschaftlicher Verhältnisse, eher früher als später, der Europäischen Union beitreten müsse; die andere lautet: daß sich die Europäische Union dank den Briten oder Dänen oder vielleicht sogar den Österreichern so wandeln und von den politischen Ambitionen zu den ökonomischen Zielsetzungen zurückkehren werde, daß auch das Schweizer Stimmvolk als oberster Souverän einen Beitritt der Schweiz befürworten könne. Es sind, wie gesagt, heimliche Wetten, offiziell ist davon nichts zu vernehmen.

Wenn die Schweiz als eine plebiszitäre Demokratie bezeichnet wird, goutiert man diesen Ausdruck in der Schweiz nicht so ganz; Plebiszite sind, wie in Frankreich, seltene und eher ausnahmsweise durchgeführte Volksbefragungen. In der Schweiz wird kommunal, kantonal und national über Referenden und Initiativen abgestimmt, und zwar mehrmals im Jahr. Plebiszite schmecken nach Napoleon, Referenden und Initiativen mehr nach Landsgemeinden und sind zugleich jakobinisch, verweisen auf Rousseau. Sucht man nach den Wurzeln der modernen Schweiz, entdeckt man das dichteste Geflecht in den 20 oder mehr Jahren vor und nach der Wende vom 18. ins 19. Jahrhundert. Es ist zugleich die Zeit, da das Heilige Römische Reich Deutscher Nation ins Grab gelegt wurde, sich selber ins Grab legte. Damit stand auch das Verhältnis der Schweiz zu einem Deutschland, das es als solches zugleich nicht mehr und noch nicht gab, zur Diskussion. Sie war lebhafter, intelligenter und spekulativer, als wir heute annehmen. Sie wieder ins Bewußtsein zu heben, ist die Absicht dieser Schrift. Sie gilt also historischen Themen, die man als erledigt und abgehakt betrachtet. Es sei denn, man entdecke in ihnen gelegentlich den einen oder andern Schlüssel, der auch Türchen zum Verständnis der Gegenwart und der Beziehung von Schweizern zu Deutschen und von Deutschen zu Schweizern auftut.

2. Die Erfindung der Bundesrepublik

Das deutsche Wörterbuch der Brüder Grimm von 1860 kennt den Ausdruck Bundesrepublik nicht. Noch nicht oder nicht mehr? Oder verschweigt es ihn aus politischen Gründen? Denn der Terminus, soviel steht fest, wurde im letzten Viertel des 18. Jahrhunderts verwendet, handschriftlich so gut wie im Druck.

Der Ausdruck Bundesrepublik ist eine Übersetzung aus dem Französischen. Im 1. Kapitel des 9. Buches »De l'esprit des loix« (Genf 1748) spricht Montesquieu von den Republiken. »Wenn eine Republik klein ist, wird sie durch eine fremde Macht zerstört; wenn sie groß ist, zerstört sie sich selber durch ein inneres Übel.« Das gelte sowohl für Demokratien wie Aristokratien. Somit scheine es unausweichlich, daß die Menschen schließlich immer unter der Herrschaft eines einzigen leben müßten, »wenn sie sich nicht eine Art von Verfassung ausgedacht hätten, die alle inneren Vorteile eines republikanischen Regimentes mit der nach außen gerichteten Kraft eines monarchischen vereinigt. Ich spreche von der Bundesrepublik (République fédérative). Diese Regierungsform ist eine Übereinkunft, auf Grund derer mehrere Gemeinwesen sich verständigen, Bürger eines größeren Staates zu werden, den sie gemeinsam bilden. Es ist eine Gesellschaft von Gesell-

Bild 1

Charles de Secondat, Marquis de Montesquieu.

Phot. Bildersammlung Universitätsbibliothek Basel

schaften, die aus ihnen eine neue machen, die sich durch neue Teilnehmer nur, insofern diese es beschließen, weiter vergrößern kann.«

Als Beispiele für solche Bundesrepubliken zitiert Montesquieu Holland, Deutschland, das schweizerische Bündnissystem. Ein mächtiger Teilstaat in einer Bundesrepublik kann nicht zum Usurpator werden, weil ihm eine Vielzahl von andern Bundesgenossen entgegensteht. Ergeben sich Unruhen in einem Teilstaat, können die andern sie beschwichtigen. Am besten ist eine Bundesrepublik, die ihrerseits nur aus Republiken besteht. In dieser Beziehung ist Deutschland – gemeint ist das vorrevolutionäre Deutsche Reich – weniger vollkommen als etwa Holland oder die Schweiz. Das Deutsche Reich überlebt, weil der Kaiser in gewissem Sinn nur den obersten Magistraten dieser Bundesrepublik darstellt.

Ein weiterer Vorteil einer Bundesrepublik besteht darin, daß bei ihrer Auflösung die Teilstaaten wieder in den Genuß ihrer ursprünglichen Souveränität kommen. Wichtig für eine Bundesrepublik ist, daß alle Teilstaaten, unabhängig von ihrer Größe, über eine Stimme verfügen. Der Fehler des Deutschen Reiches liegt darin, daß es den Teilstaaten nicht verboten ist, Bündnisse mit Dritten einzugehen; einiges Unheil könnte damit vermieden werden.

Soweit Montesquieu.

Das Buch fand in Frankreich und in Genf, einer mit Zürich und Bern verbündeten, von Frankreich unab-

Bild 2

Johannes von Müller.

Phot. Bildersammlung Universitätsbibliothek Basel

hängigen Republik, reißenden Absatz, laufend wurden neue Auflagen gedruckt. Ein Schaffhauser Pfarrerssohn namens Johann Müller, knapp über 20 Jahre alt, las es und begeisterte sich daran. Er ist allem Anschein nach der erste, der »République fédérative« mit »Bundesrepublik« übersetzte.

Bekannt geworden ist er den Zeitgenossen und der Nachwelt als Johannes von Müller und Verfasser der »Geschichten Schweizerischer Eidgenossenschaft«. Für Goethe war er »einer von den Unseren«; Schiller steckte dem »wackern Müller« am 5. Februar 1804 »ein paar Bogen von Tell in die Tasche« – ohne Müller wäre das Schillersche Tell-Drama nicht entstanden. Müllers Schweizer Geschichte erschien, ein Teil nach dem andern, zwischen 1786 und 1808; ihm verdankt noch die Schweiz von heute die mythologisierende Verknüpfung von Rütlischwur und Tellsage, Bundesbrief und Burgenbruch, von der historischen Kritik längst, wenn auch vergeblich, ins Reich der Sage verwiesen. Verborgen aber blieb den Zeitgenossen, daß Müller, inspiriert von Tacitus und Montesquieu, Plutarch und Machiavelli nacheifernd, schon 1775/6 seine Schweizergeschichte in einer ersten Version gleichzeitig auf deutsch und französisch entworfen hatte, sie aber nach Abschluß des Manuskriptes nicht drucken ließ. (Er betrachtete sie selber als ein Jugendwerk; er zählte noch nicht einmal 25 Jahre.) Ihr Titel lautete: »Allgemeine Aussicht über die Bundesrepublik im Schweizerland«. Er schloß sich also vorbehaltlos der

Terminologie Montesquieus an, zugleich darf er als derjenige gelten, der diesen Begriff in die deutsche Sprache eingeführt hat.

Erstaunlich dabei ist, daß dieser Text, dessen Manuskript an verschiedenen Orten, vorwiegend in Schaffhausen und Kopenhagen, liegt, nicht weniger als 215 Jahre lang nicht publiziert wurde. Erst 1991, zum 700jährigen Bestehen der Eidgenossenschaft, hat ihn der Egon Ammann Verlag Zürich – übrigens mustergültig – herausgegeben.

Drucken ließ Müller den Ausdruck Bundesrepublik erstmals 1786. Aber nun bezeichnete er nicht mehr die Schweiz, sondern, wiederum in der Nachfolge Montesquieus, Deutschland, genauer gesagt den durch Friedrich den Großen 1785 initiierten deutschen Fürstenbund. Müller äußerte sich mehrmals zu dieser »Confédération germanique«. Da faßte er den Begriff sogar noch weiter, nannte das ganze europäische Staatensystem nach Karl dem Großen eine Europäische Bundesrepublik. Das Deutsche Reich, dessen Konsolidierung (unter gleichzeitiger Eindämmung der kaiserlichen Macht) dieser Fürstenbund dienen sollte, sah er parallel zur Schweiz: »Die Reichsverfassung ist eine große Eidgenossenschaft ungleicher Mitglieder«.

In einer weiteren Schrift »Teutschlands Erwartungen vom Fürstenbunde« gab sich Müller Rechenschaft, daß die erhofften Auswirkungen des Fürstenbundes, der zunehmenden preußisch-österreichischen Gegensätze wegen, ausblieben. Es geschieht nichts, stellte er resigniert fest und sah die »in genugsamer Freiheit vorwärtsstrebende Bundesrepublik zurückgestoßen in Anarchie, Despotismus und Nacht«.

Erst nannte Müller also 1776 die alte Eidgenossenschaft eine Bundesrepublik. Dann nannte er 1786 das Deutsche Reich eine Eidgenossenschaft. Endlich sah er dasselbe Reich durch den nicht vom Fleck kommenden Fürstenbund auf dem Weg zu einer gültigen Bundesrepublik in seiner Reformunfähigkeit blockiert. Daß seine oft emphatische Anteilnahme sich unscharfer Terminologien bediente, mußte ihm bewußt sein, dazu kannte er seinen Montesquieu zu gut. Aber er schrieb hier mehr als Politiker denn als Historiker, das Fehlen beschworener Bünde unter den Reichsfürsten und den freien deutschen Städten machte die Verwendung der Bezeichnung Eidgenossenschaft für das Reich problematisch.

Hier wird nicht behauptet, die Sachbezeichnung für das heutige deutsche Staatswesen sei bei einem Schweizer abgeschrieben worden. Ausgeheckt hat er sie gleichwohl – übrigens nicht ganz zufällig im Jahr der amerikanischen Unabhängigkeitserklärung. Müller spricht schon von den nordamerikanischen Bundesrepubliken, die dem europäischen Eroberungsdrang zu widerstehen wagten. Er gehört zudem zu den Schriftstellern, die den Begriff der Nation für Deutschland ganz selbstverständlich verwenden. Auch die Schweizer bezeichnet er als eine Nation; nicht ganz sicher war er, ob die seit 1648 vom Reich unabhängige Eidgenossenschaft auch Mitglied des Fürstenbundes werden sollte oder könnte. Nachzutragen ist, daß er seine Schweizergeschichte nicht im eigenen Land, sondern an den Höfen und Akademien von Mainz, Wien, Kassel, Berlin verfaßte, ein Auslandschweizer sozusagen auf Tournée und die Gegenfigur zum eingewanderten Magdeburger Heinrich Zschokke, der in der Zeit der Helvetischen Republik in Aarau und Luzern ein Bureau für Nationalkultur leitete. Zschokke war es nachher, der die letztlich romantisch geschriebene Schweizergeschichte Müllers von ihren dynastischen Verzierungen säuberte, sie in die Volkssprache übersetzte und ganz bewußt das Geschichtsbild schuf, das – erstaunlicherweise – noch heute an den schweizerischen Mittelschulen gelehrt wird. »Des Schweizerlands Geschichten für das Schweizervolk« erschienen als gesammelte Zeitungsartikel 1822 – keine andere europäische Nation ist denkbar, die mehr als 170 Jahre lang mit einem in den Grundzügen entworfenen Geschichtsbild aus der Biedermeier-Zeit auskommt! Zschokke hat einen wesentlichen Anteil daran, daß der Ausdruck Bundesrepublik für den damals 22 souveräne Kantone umfassenden Staatenbund der Schweiz nicht mehr verwendet wurde, wie es noch Müller getan hatte. Zschokke sprach von den »Freistaaten schweizerischer Eidgenossenschaft« – die république fédérative Montesquieus, die Bundesrepublik, stand als Bezeichnung für eine Staatsform wieder zur Disposition. Zu fragen wäre, wo 1949 Deutschland diese Bezeichnung fand.

Heute ist Deutschland in Europa und auch in der Welt die prominenteste Bundesrepublik – so bekannt, daß auch ein Franzose nur »La Bundesrépublique« sagen muß, um Deutschland zu bezeichnen. Johannes von Müller hätte, vor allem nach der Wiedervereinigung, nichts dagegen einzuwenden gehabt. Aber er hätte wahrscheinlich moniert, daß die DDR insgesamt und nicht ihre früheren Länder einzeln der westdeutschen Bundesrepublik beitraten.

3. Die schwäbisch-schweizerische Republik

Seit der amerikanischen Unabhängigkeitserklärung von 1776, seit der amerikanischen Verfassung von 1787, seit der Deklaration der Menschenrechte in Frankreich 1789 und seit den französischen Verfassungen der frühen 1790er Jahre ist kein Staat mehr denkbar ohne Verfassung, Konstitution, Grundgesetz. Das gilt noch heute, auch das postsowjetische Rußland mußte über eine Verfassung abstimmen, handelte also noch immer im Geist der Französischen Revolution. Dazu im Gegensatz steht merkwürdigerweise das westeuropäische Gebilde, das sich – ohne Grundgesetz, ohne Verfassung oder konstitutionelle Grundlagen – aus der Montan-Union, der Europäischen Wirtschaftsgemeinschaft und später Europäischen Gemeinschaft zu einer Europäischen Union genannt EU entwickeln soll. Es ist im wesentlichen ein wachsendes Vertragswerk, ruht in einem Netz von sich ergänzenden und ständig erweiternden und verfeinerten Abmachungen; es deklariert sich selber als ein überstaatliches Gebilde im Werden. Der Vertrag von Maastricht wurde schon bei seiner Unterzeichnung weniger als Schlußpunkt denn als Etappe auf einem Weg bezeichnet – einem Weg wohin? (Hans Magnus Enzensberger gab einmal ironisch zu bedenken, daß das letzte funktionierende

Zentralkomitee die Europäische Kommission in Brüssel sei.)

Historisch ist schwer auszumachen, ob die Europäische Union mehr auf einen Napoleonischen Rheinbund, eine Heilige Allianz oder einen Bismarckschen Zollverein hinausläuft. Aus schweizerischer Sicht erinnert das heranwachsende Europa an die alte Eidgenossenschaft mit ihrer vorrevolutionären Tagsatzung der XIII vollberechtigten Orte (= 15 EU-Mitglieder) und mit den zugewandten Orten (den EWR-Staaten und den Beitrittskandidaten). Brüssel und Straßburg wären dann sozusagen die ständigen Vororte. Und wie bei der alten eidgenössischen Tagsatzung werden immer wieder einzelne Traktanden nicht erledigt, sondern müssen ad referendum in die Mitgliedstaaten zurückgebracht und dort bereinigt oder ratifiziert werden. Die alte Schweiz kannte eidgenössische Vororte, Zürich, Bern und Luzern; Europa-Politik wird sicher mehr in Paris, Bonn und London als in Lissabon, Athen oder Dublin entschieden. Tagsatzungsorte konnten auch Frauenfeld, Aarau oder Baden sein – vor Maastricht wußten viele Europäer nicht, wo diese Stadt überhaupt liegt.

Die Geschichte geht mit Vorhaben, die nicht reüssierten, ungnädig um. Vorhaben, die sich nur für kurze Zeit realisieren ließen, aber nachher anderen Regelungen wichen, werden aus einer späteren Optik gern als unerheblich abgetan. Wir sind noch immer in den letzten Jahren des 18. Jahrhunderts, als die Schweiz dank der französischen Intervention – oder sagen wir es deutlicher: dank der Besetzung unter den Generälen Schauenburg und Brune – 1798 ihre zum größten Teil vom Basler Oberzunftmeister Ochs redigierte Verfassung nach dem Muster der Direktorialverfassung von 1795 verpaßt bekam. Die mit ihr aus der Taufe gehobene Helvetische Republik dauerte keine fünf Jahre. Sie ging unter, als der Mediator Bonaparte, der zuerst auf einem Einheitsstaat – une république une et indivisible – bestanden hatte, sich durch die Widrigkeiten der Verhältnisse davon überzeugen ließ, daß ein Staatenbund von souveränen Kantonen, also ein föderatives Bündnis, für die Schweiz doch das bessere System sei.

Kaum jemand weinte der Helvetischen Republik eine Träne nach. In der Erinnerung der Leute gilt sie als eine unglückliche Epoche, eine Zeit der Schande und der Scham. Daß die moderne Schweiz ihre Entstehung einem Pariser Direktorium, über dem schon der Schatten Bonapartes lag, verdankt, vergleicht sich schlecht mit dem heroischen Bild vom Rütlischwur. So wird auch im Bewußtsein der heutigen Schweizerinnen und Schweizer verdrängt, daß die helvetische Verfassung die allererste, für die ganze Schweiz gültige Konstitution war. Und daß die Schweizer heute noch nach ihrem Muster die oberste Landesbehörde wählen: einzeln, namentlich, in einer definierten Anzahl, auf vier Jahre, ohne Bezeichnung der Ministerien. Hundesteuer, Erziehungsräte, der Schweizerfranken, die Unterscheidung von Einwohner- und Bürgergemeinden,

Bild 3a

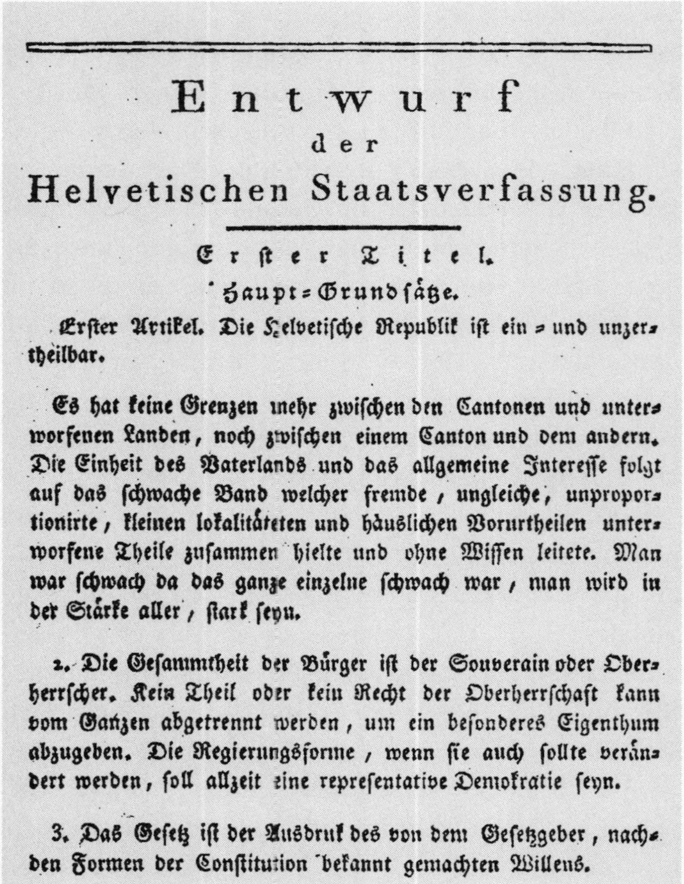

Entwurf der Helvetischen Staatsverfassung.

Erster Titel.

Haupt-Grundsätze.

Erster Artikel. Die Helvetische Republik ist ein- und unzertheilbar.

Es hat keine Grenzen mehr zwischen den Cantonen und unterworfenen Landen, noch zwischen einem Canton und dem andern. Die Einheit des Vaterlands und das allgemeine Interesse folgt auf das schwache Band welcher fremde, ungleiche, unproportionirte, kleinen lokalitäteten und häuslichen Vorurtheilen unterworfene Theile zusammen hielte und ohne Wissen leitete. Man war schwach da das ganze einzelne schwach war, man wird in der Stärke aller, stark seyn.

2. Die Gesammtheit der Bürger ist der Souverain oder Oberherrscher. Kein Theil oder kein Recht der Oberherrschaft kann vom Ganzen abgetrennt werden, um ein besonderes Eigenthum abzugeben. Die Regierungsforme, wenn sie auch sollte verändert werden, soll allzeit eine representative Demokratie seyn.

3. Das Gesetz ist der Ausdruk des von dem Gesetzgeber, nach den Formen der Constitution bekannt gemachten Willens.

Helvetische Staatsverfassung in der in Frankreich gedruckten dreisprachigen Version – das erste amtliche Dokument für eine mehrsprachige Schweiz.

Bild 3b

PROGETTO

DELLA

COSTITUZIONE ELVETICA.

TITOLO I°.

PRINCIPI FONDAMENTALI.

1. La Repubblica elvetica è una e indivisibile.

Non vi sono più confini tra contoni e paesi sudditi, nè tra contone e cantone. L' Unità di patria e di interessi succede al debole vincolo che radunava e guidava a caso parti eterogenee, ineguali, disproporzionale e sottoposte a picciole località e domestici pregiudici. Uno era debole di tutta la debolezza individuale, uno sarà forte della forza di tutti.

2. L' universalità de' cittadini è il sovrano. Nessuna parte o dritto di sovranità non può essere disfaccata dal tutto per diventar una proprietà privata. La forma di governo, qualunque modificazione essa possa subire, sarà tutta ira una democrazia rappresentativa.

3. La legge è l' espressione della voluntà del legislatore, manifestatu giusta le forme costituzionali.

PROJET

DE

CONSTITUTION HELVÉTIQUE.

TITRE Ier.

PRINCIPES FONDAMENTAUX.

1. La République helvétique est une et indivisible.

Il n'y a plus de frontières entre les cantons et les pays sujets, ni de canton à canton. L'unité de patrie et d'intérêt succède au faible lien qui rassemblait et guidait au hasard des parties hétérogènes, inégales, disproportionnées et asservies à de petites localités et des préjugés domestiques. On était faible de toute sa faiblesse individuelle; on sera fort de la force de tous.

2. L'universalité des citoyens est le souverain. Aucune partie ou aucun droit de la souveraineté ne peut être détaché de l'ensemble pour devenir une propriété particulière. La forme de gouvernement, quelques modifications qu'elle puisse éprouver, sera toujours une démocratie représentative.

3. La loi est l'expression de la volonté du législateur, manifestée suivant les formes constitutionnelles.

Die typografische Umsetzung entspricht der politischen Gewichtung der drei Landesteile.

Staatsarchiv Basel-Stadt

der Grundbuchkataster, die allgemeine Steuerpflicht, eine eidgenössische Armee, das Kantonsblatt, Regierungsstatthalter – es sind alles Dinge, die aus der Zeit der Helvetik in der Schweiz von heute überlebt haben. Man will es nur nicht zur Kenntnis nehmen.

Nicht so verdrängt als übersehen, wenn nicht vergessen, sind – auf beiden Seiten des Hochrheins von Basel bis zum Bodensee – die Versuche zwischen 1796 und 1799, ein gemeinsames Staatswesen zu schaffen. Eine schwäbisch-schweizerische oder alemannische Republik. Diese Pläne waren keine Hirngespinste, sondern durchdachte, stellenweise bis in die Einzelheiten vorbereitete Aktionen. Auf der Zeitachse stellen sich die verschiedenen, einander teils bedingenden, teils ergänzenden Vorhaben wie folgt dar:

Die französische Volksarmee, deren soldatische Überlegenheit über fürstliche Truppen Goethe nach der Schlacht von Valmy noch Jahrzehnte später für aufzeichnungswürdig hielt, stand 1794 von Basel bis Straßburg noch nicht angriffsbereit, aber sichtbar damit beschäftigt, sich für einen Einmarsch in Süddeutschland vorzubereiten. Ihr gegenüber hielten sich auf dem rechtsrheinischen Ufer kaiserliche Truppen, badisches Militär und die aus vorwiegend aristokratischen Emigranten gebildete Armee Condé, die noch immer hoffte, durch einen Einmarsch in Frankreich die Revolution rückgängig zu machen – wohl das schlimmste Mißverständnis des revolutionären Geschehens, dem aber auch schweizerische Aristokraten anhingen.

Die französische Politik benachbarten Staaten gegenüber unterlag einem dauernden Wechsel: Im November 1792 forderte ein Konventsdekret noch die Unterstützung anderer Länder bei der Wiedererlangung der Freiheit; im April 1793 beschloß der Konvent, sich in andere Länder nicht einzumischen. Am 27. Juli 1794 wurde Robespierre guillotiniert, aber der noch amtierende Wohlfahrtsausschuß beauftragte den französischen Gesandten in der Schweiz, Barthélemy, von Basel aus Nachrichten über den ganzen oberrheinischen Raum zu beschaffen. Dessen Sekretär Bacher konnte das nur so verstehen, die Markgrafschaft, den Breisgau, den Schwarzwald und Württemberg mit Agenten zu überziehen und zur Revolutionierung reif zu machen. Am 22. August 1795, kurz nach dem Basler Frieden, wurde die liberal-bürgerliche Direktorialverfassung verkündet, am 31. Oktober nahm das neue Direktorium seine Amtsgeschäfte auf. Im April 1796 beauftragte es den Marquis de Poterat (eine nachgewiesenermaßen zwielichtige Figur), republikanische Bestrebungen in Baden, im Breisgau und im Schwarzwald zu unterstützen. Für die süddeutschen Republikaner mußte das heißen, mit den Plänen für eine eigene Republik voranzumachen. Die Erwartung ging dahin, daß die Franzosen, die bei Hüningen ihr Lager aufgeschlagen hatten, rechtzeitig einmarschieren und die Staatsumwälzung im süddeutschen Raum unterstützen würden. Am 24./25. Juni 1796 überschritten sie, mit nicht weniger als 53 000 Mann, tatsächlich den Rhein, aber nicht, wie erwartet, bei Hüningen, sondern bei Kehl. Die schon bis ins Detail ausgearbeiteten Revolutionspläne für die obere Markgrafschaft hingen in der Luft, ihr wichtigster Koordinator List war verzweifelt. Noch schlimmer: am 20. Juli 1796 schloß General Moreau mit dem Markgrafen einen Waffenstillstand, der die bestehende Ordnung in Baden garantierte! Oder wie Generalstabschef Regnier sagte: »Im Rücken der Armee duldet man keine Revolution.« Da half es auch nichts, daß beim Einzug eines französischen Rittmeisters mit rund einem Dutzend Chasseurs in Freiburg »Vive la nation, vive la république!« gerufen wurde.

Unser Thema hier sind die republikanischen Vorhaben in Süddeutschland, nicht das militärische Geschehen. Am 11. Juli 1796 schrieb Johann Georg Friedrich List an den damaligen Außenminister Delacroix im Namen der »Germanischen Nation und seiner (also Deutschlands) zukünftigen Regierung«. Delacroix nahm das günstig auf; in einem Schreiben an Poterat bezeichnete er es als dessen Aufgabe, in Süddeutschland eine Republik zu errichten. Aber nicht Poterat, sondern der in Basel weilende Bacher sollte über die dazu notwendigen Gelder verfügen können. List selber war mit den Basler Verhältnissen bestens vertraut, er hatte in der Handlung von Felix Battier Vater und im Handelshaus des Lucas Preiswerk als Kaufmann gearbeitet. In der markgräflichen Verwaltung selber war man der Überzeugung, daß die Franzosen trotz des Waffenstillstandes beabsichtigten, »längs dem Rhein hin kleine, mit Frankreich in Verbindung stehende Republiken zu etablieren«. Und staunte darüber, wie gelassen, zum Teil sogar begeistert, die französischen Truppen von den eigenen Untertanen begrüßt wurden.

Die Gegenorder wirkte niederschmetternd. General Moreau und der Legationssekretär Bacher in Basel hielten plötzlich die Einrichtung einer süddeutschen Republik im Oberland für untunlich. Bei Moreau konnten es militärische Überlegungen sein; Bachers Haltung ist schwieriger zu interpretieren: Nahm er die zukünftige Politik des Direktoriums, mit deutschen Fürsten lieber zu paktieren als Republiken einzurichten, schon vorweg? Oder handelte er im Einvernehmen mit Barthélemy, der im Herzen keinesfalls jakobinisch gesinnt war, bestenfalls girondistisch, wenn nicht – noch immer – royalistisch und sich in der Schweiz den bestehenden Zuständen verpflichtet fühlte? Die Träger der republikanischen Verschwörung, allen voran Jägerschmidt und List, sahen sich desavouiert.

Die Niederlagen der französischen Armee in Süddeutschland räumten alle Pläne, im Schutz Frankreichs süddeutsche Republiken einzurichten, hinweg. Die Armee unter General Moreaus Kommando zog sich am 26. Oktober 1796 über den Rhein bei Hüningen zurück, kaiserliche Soldaten rückten in Baden ein und benahmen sich noch unfreundlicher als vorher die Franzosen.

Dann änderten die Erfolge Bonapartes in Oberitalien auch nördlich der Alpen und am Rhein die militärisch-politische Situation. Die Kaiserlichen gerieten in die Defensive, Moreau überschritt am 20. April 1797 erneut den Rhein, nahm Kehl im Handstreich. Nach dem Staatsstreich vom 18. Fructidor, der das Gespenst einer royalistischen Gegenrevolution in Frankreich definitiv vertrieb, wurde am 17. Oktober der Friede von Campoformio geschlossen (vermutlich sogar nach dem Muster des Basler Friedens), in dessen Geheimartikeln der Kaiser gegen die Annexion des Erzbistums Salzburg und des bayerischen Innviertels das ganze linke Rheinufer von Basel bis Andernach preisgab. Damit schien der Weg frei für die Schaffung der linksrheinischen, der cisrhenanischen Republik von Landau bis Düsseldorf. Aber das Direktorium dachte nach dem 18. Fructidor schon weiter, die Reunion der linksrheinischen Gebiete mit Frankreich wurde das Ziel. Das sollte auf dem für den Spätherbst 1797 anberaumten Rastatter Kongreß ausgehandelt werden, Frankreich postulierte den Rhein als natürliche Grenze nach Osten. Oberkommandierender der Rheinarmee wurde nun Pierre François Charles Augereau, also derselbe Mann, der in Paris den Staatsstreich durchgeführt hatte. Das einstige jakobinische Postulat, Frankreich mit einem Ring befreundeter Republiken zu umgeben, entsprach auch seinen Vorstellungen; die republikanische Bewegung in West- und Süddeutschland und nun eben auch in der Schweiz erhielt Anfang 1798 einen gewaltigen Auftrieb.

Die Kräfte, die sich 1796 geregt hatten, waren sofort wieder da, mit ihnen die Personen, die sie wachge-

Bild 4

Fast unmittelbar hinter der Grenze zum östlichen Kleinbasel
lag das Gasthaus zum Grenzacher Horn,
in dem sich zwischen 1796 und 1800 süddeutsche und
helvetische Republikaner häufig trafen.
Phot. Badisches Generalarchiv Karlsruhe

rufen hatten, also die List, Jägerschmidt, in Paris Andreas Georg Friedrich Rebmann, der Kontakt zu Ochs, der führenden Figur für die Gründung der Helvetischen Republik, hatte. Ihr Zentrum wurde wiederum Basel, sie trafen sich im Eglinschen Kaffeehaus und im »Drachen« des Bierbrauers Erlacher. Vom französischen Geschäftsträger Mengaud, der den ins Direktorium berufenen und am 18. Fructidor gestürzten Barthélemy abgelöst hatte, wurde in Basel eine weitere Person namens Meier, Meyer, Maier, gelegentlich auch Müller geheißene Figur protegiert. Das waren Decknamen, in Wirklichkeit handelte es sich um den aus Ettenheim stammenden, aus dem Kloster Ettenheimmünster ausgetretenen Pater Augustin Karl Fahrländer, der 1796 als Soldat freiwillig in der Vendée gekämpft und sich jetzt der republikanischen Sache verschrieben hatte.

Die helvetische Staatsumwälzung vollzog sich nach einem Muster, das auch den süddeutschen Republikanern vorschwebte: Die sogenannten Patrioten sollten den Anfang machen, konstitutionelle Republiken einrichten, Frankreich würde als Schutzmacht in zweiter Linie bereitstehen und nur dann – und zwar brüderlich – eingreifen, wenn die alten Oligarchen die Staatsumwälzung mit Waffengewalt zu unterdrücken suchten. Das Modell funktionierte in der Waadt, in Basel, Luzern und in der Ostschweiz im Frühjahr 1798, wurde kritisch mit der Eroberung von Freiburg, Solothurn und Bern und versagte mit der blutigen und unmenschlichen Niederwerfung Nidwaldens im Sommer 1798. Frankreich verlor seine Glorie als brüderlich befreiende Macht. Dann verunmöglichten 1799 die militärischen Auseinandersetzungen zwischen Frankreich und Österreich auf schweizerischem Boden die konstitutionelle Konsolidierung des neugegründeten helvetischen Staates.

Die Versetzung Augereaus nach Perpignan, die einer Diskreditierung seiner Pläne durch das Pariser Direktorium gleichkam, knickte das Vorhaben, im badischen Oberland offiziell und mit Hilfe Frankreichs eine gesamtdeutsche Republik auszurufen. Eine ähnliche Situation wie 1796 stellte sich ein, die republikanischen Bestrebungen in Süddeutschland sahen sich abermals von Frankreich fallen gelassen.

Somit wurde es für die süddeutschen Republikaner doppelt wichtig, daß die Staatsumwälzung in der Schweiz erfolgreich war. Dort wurden Untertanenverhältnisse aufgehoben, Bürger und Hintersäßen einander in den Rechten gleichgestellt, Zinsen und Zehnten abgeschafft, Binnengrenzen annulliert, eine Einheitsrepublik begann – mühsam genug – zu funktionieren. Die Republikaner auf beiden Seiten des Rheins sprachen sich ab, die Erhebung von Liestal gegen das Basler Ratsherrenregiment im Januar 1798 war auf den Tag genau mit den Plänen in der oberen Markgrafschaft koordiniert war, Fahrländer weilte in Basel, Jägerschmidt wirkte in Liestal.

Nun wurden von beiden Seiten, von schwäbischer sowohl wie von schweizerischer, im Lauf der Jahre 1798 und 1799 mehr und mehr Gemeinsamkeiten entdeckt, die die Etikette eines »helvetischen Geheimnisses« bekamen. Der fürstenbergische Regierungspräsident von Kleiser schrieb an den badischen Minister von Edelsheim über die Schweiz: »Diese fruchtarme Republik, welche nun auch bald geldarm werden muß, wünschte sehr einige fruchtbare Departements von Schwaben einverleibt zu haben.« Dazu paßte, daß das französische Direktorium in den Geheimklauseln zum Allianzvertrag vom 19. August 1798 den Schweizern neben dem Fricktal auch das Vorarlberg versprochen hatte. Am Hof des Markgrafen war davon die Rede, »daß, wenn es den Franzosen gelingen sollte, noch einmal vorzudringen und sich in Württemberg und in dem übrigen Schwaben zu halten, eine schwäbische Republik errichtet und diese mit der helvetischen in Verbindung gesetzt würde«. Théremin formulierte es im März 1799 Talleyrand gegenüber so: »Sie alle (gemeint sind die deutschen Republikaner) neigen zu einer Vereinigung mit der helvetischen Republik.« Der altgesinnte Abt von St. Peter, Ignaz Speckle, hatte schon am 6. Februar 1798 seinem Tagebuch anvertraut, daß die Franzosen die Absicht haben sollten, »eine schwäbische Republik zu errichten und mit der schweizerischen zu vereinigen«. Der im Auftrag der Ulmer Bürgeropposition, die die Revolution vorbereitete, in Paris verhandelnde Deputierte Bärstecher alias J. G. Müller gelangte über Ochs an das Helvetische Direktorium, dem er darlegte, wie wichtig es für die Schweiz sei, »mit Schwaben als einer Art Republik in einem schwesterlichen Bunde vereinigt zu sein«. Ochs war grundsätzlich nicht abgeneigt, aber zuerst mußte die Helvetische Republik konsolidiert werden. Der Basler Remigius Frey, der ebenfalls in Paris weilte, vernahm die Bereitschaft mit Begeisterung. César de la Harpe, helvetischer Direktor, schrieb am 19. Februar 1799 an den helvetischen Gesandten in Paris: »Die Schwaben lassen uns fragen, ob wir sie wollen. Sie warten nur auf den Augenblick sich zu erheben.« Der schweizerische Gesandtschaftssekretär in Paris, Philipp Albert Stapfer, sah in einer schweizerisch-schwäbischen Vereinigung den großen Vorteil, die Schweiz von Salz- und Getreideeinfuhren unabhängig zu machen.

Im Sommer 1799 erschien von Karl Fahrländer eine Denkschrift »Aufsatz über die Vereinigung eines Teiles von Deutschland mit Helvetien«. Er war inzwischen nach der Schweiz übergesiedelt, stand in enger Verbindung zu Stapfer, damals noch Minister für Wissenschaft und schöne Künste. (In dessen Nachlaß entdeckte Alfred Rufer 1946 den ausführlichen Text.) Schweizerische Annexionsgelüste lassen sich darin nicht ausmachen, die ganze Argumentation versucht vielmehr, eine solche schwäbisch-schweizerische Staatsgründung aus der Vernunft der damaligen Machtverhältnisse zu legitimieren. Das hieß: Frankreich kann kein Interesse daran haben, in seinem Vorhof gegen das Reich nur über kleine, unbedeutende und abhängige Republiken zu verfügen, sondern es müßte sich auf eigenständige, ihm freilich freundlich gesinnte, doch potente Staaten im Sinn einer Scheidemauer gegen Österreich verlassen können. Eine solche süddeutsche-helvetische Republik läge als Gegengewicht zu Österreich sogar im Interesse Preußens. Der französische Einmarsch habe die Schweiz freilich um die vorteilhafte Idee von ihrer Tapferkeit und Stärke gebracht – also: »Man vermische Helvetiens Volk mit einem von Freiheitsliebe durchglühten neuen Volke«.

Die Schlußfolgerungen, die Fahrländer zog, standen zwar in einem direkten Gegensatz zum französisch-schweizerischen Allianzvertrag, wollten aber deswegen nicht gegen Frankreich gerichtet sein, sondern diesem jetzt für ganz Europa bestimmenden Staat einen effektiveren Bundesgenossen als die völlig entmachtete Helvetische Republik schaffen: »Helvetien muß unabhängig erklärt werden. Helvetien muß durch Vereinigung mit anderen Staaten zu einem selbständigen wichtigen Staate erhoben werden. Nach und vermittels dieser Vereinigung muß Helvetien zur Handhabung der Republiken und zur Herstellung des Gleichgewichtes des politischen und merkantilischen Zustandes von Europa beitragen.«

Warum der Plan scheiterte, hat viele komplexe Gründe. Sie liegen zum Teil in Paris, wo das liberalbürgerliche Direktorium (die Großbourgeoisie in den Worten Heinrich Scheels) die Revolution immer weniger exportieren wollte, sondern außenpolitisch mit deutschen Fürsten zu paktieren bereit war. Sigismund von Reitzenstein bereitete als badischer Gesandter in Paris das Großherzogtum Baden vor, das sich die vorderösterreichischen Lande einverleiben und sich von Heidelberg bis nach Konstanz erstrecken würde. Bonaparte, der schon längst über die Revolution hinausdachte, führte 1797 seinen ersten Staatsstreich durch, kämpfte dann, während die Schweiz revolutioniert wurde, in Ägypten, inszenierte nach seiner Rückkehr im November 1798 seinen nächsten Staatsstreich, der ihn zum Konsul machte. Nun hielt er gar nichts mehr von einer republikanischen Revolutionierung der Nachbarstaaten, General Augereau, Kommandant der Rheinarmee, mit seinen Umsturzplänen mißfiel ihm. Die sich stets ändernde militärische Lage in Süddeutschland, wo die Franzosen vormarschierten, zurückgeschlagen wurden und erneut einmarschierten, verunmöglichte eine politische Stabilisierung, und die am 6. Februar 1799 in der Berner Zeitung publizierten Sätze fanden kein Echo mehr: »Schweizer! Die Schwaben sind eure nächsten Nachbarn; alles, was protestantisch ist, wünscht frei zu werden; die bravsten Leute, die tätigsten und einsichtsvollsten, wünschen, mit den Schweizern näher verbunden zu werden; sie strecken ihre Arme nach ihnen aus.«

Es ist schwer, sich die Folgen einer schwäbisch-schweizerischen Republik auszudenken. Bismarck, der – wie seine Eisenbahnpolitik beweist – Baden nie wohlgesinnt war, hätte sich einer solchen Republik gegenüber, die von den Alpen weit in das alte Reich hineingereicht hätte, sicher nicht freundschaftlich gezeigt. Die deutsche Reichsgründung nach dem deutsch-französischen Krieg hätte wahrscheinlich eine Irredenta am Oberrhein geschaffen; die vergrößerte Schweiz wäre in einen Strudel hineingezogen worden, der ihr den Untergang gebracht hätte. Und sicher hätte die französisch sprechende Schweiz in einer solchen Republik keine Heimat gefunden, sie hätte an Frankreich fallen müssen. Das aber war gerade für die welschen Schweizer nicht mehr akzeptabel, nachdem sie sich, unbekümmert um Sprachgrenzen, in der Befreiung durch die Revolution sogar mit Wilhelm Tell und dem Schwur auf dem Rütli zu identifizieren begonnen hatten.

4. Keine Republik ohne Grundgesetz

Das jakobinische Frankreich wollte die Nachbarvölker befreien. Das direktoriale Frankreich nach 1795 wollte sie militärisch-diplomatisch einfangen. Das bonapartistische Frankreich wollte sie unterwerfen. Das napoleonische Frankreich wollte Randregionen eingliedern und annektierte Hamburg so gut wie Turin. Aber merkwürdig: So wenig sich der Erste Konsul und spätere Kaiser Napoleon um einmal verabschiedete Verfassungen kümmerte, wenn sie seinen Interessen zuwiderliefen – ohne eine Verfassung ließ sich weder in Frankreich noch in den Nachbarländern Politik, und wäre sie auch noch so militärisch bedingt, mehr machen. Hinter den wichtigsten politischen Bewußtseinssprung, zu dem die Französische Revolution (im Gefolge der amerikanischen Unabhängigkeitserklärung) geführt hatte, konnte niemand mehr zurückspringen: Ein nur feudal organisierter Staat, wo bestenfalls das Verhältnis eines Landesfürsten zu seinen Landständen geregelt war, ließ sich nicht mehr denken.

In diesem Licht gewinnt ein Text, der erst nach der Mitte unseres Jahrhunderts wieder aufgetaucht ist, seine besondere Bedeutung. Sein Titel lautet: »Entwurf einer republikanischen Verfassungs-Urkunde, wie sie in Deutschland taugen möchte. Im 7ten Jahr der Mut-

Bild 5

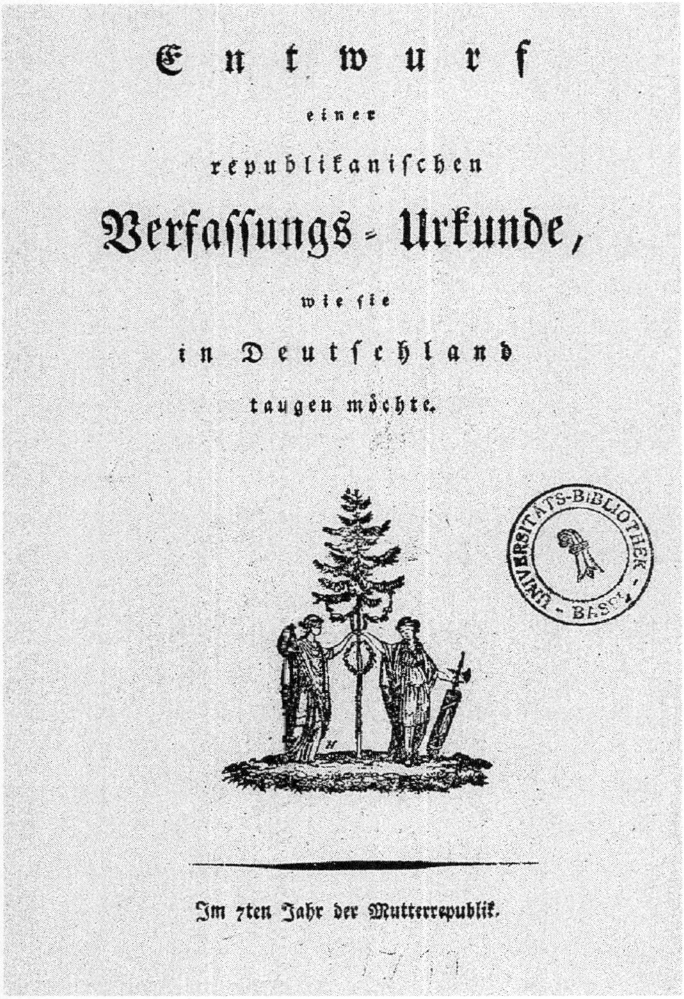
Entwurf

einer

republikanischen

Verfassungs-Urkunde,

wie sie

in Deutschland

taugen möchte.

Im 7ten Jahr der Mutterrepublik.

In Basel während 194 Jahren nie gelesen!

Phot. Universitätsbibliothek Basel

terrepublik«. Er lag, wie Uwe Schmidt (»Südwestdeutschland im Zeichen der Französischen Revolution«) nachgewiesen hat, im Spätsommer 1798 vor.

Das nach dem Zweiten Weltkrieg geteilte Deutschland hätte gute Gründe gehabt, sich seiner anzunehmen. Aber es gehört zu den Ironien der Geschichtsforschung in Deutschland, daß der Text nicht in Baden oder im Raum Mainz-Köln aufgetaucht ist, sondern durch Heinrich Scheel an der Akademie der Wissenschaften der DDR erst in den 60er Jahren aufgearbeitet und publiziert werden konnte (»Jakobinische Flugschriften aus dem deutschen Süden Ende des 18. Jahrhunderts«, 2. Auflage 1980, Akademie-Verlag Berlin und Vaduz).

Verfassungsgeschichtlich ist dieser Entwurf eindeutig von der französischen Direktorialverfassung vom 22. August 1795 inspiriert. Dafür spricht das Zweikammerprinzip; das Direktorium, also die Regierung, ist fast gleich wie im französischen Vorbild ausgestaltet. Analog werden indirekte Wahlen sowie ein Zensuswahlrecht vorgeschlagen. Auch die relative Kirchenfeindlichkeit des Entwurfs weist in die gleiche Richtung. Er definiert auf verwandte Weise die Gewerbefreiheit, postuliert die teilweise Unabänderlickeit der Verfassung, schlägt ein Minister- sowie Präfektursystem entlang dem französischen oder helvetischen Vorbild vor. Alle diese Elemente hatten die in Paris beschlossenen früheren Verfassungen von 1791 und 1793 noch nicht. Vereinzelte Formulierungen könnten zudem auf die Verfassungsentwürfe von Sieyès, wie sie später in der sogenannten Konsularverfassung von 1799 Eingang fanden, verweisen. Das heißt: ihr Autor war ein in französischen Verfassungsdingen gut bewanderter und bis ins Detail informierter Mann, sicher jedoch von deutscher Muttersprache.

In einem »Vorbericht« spricht er von sich selber und vom Volk, das er vor seinen Augen hatte – ein Volk, »das mit einer vollkommenen Neigung zum Frieden mit seinen Nachbarn eine unbegrenzte Einsicht der Vorteile des in- und ausländischen Kaufhandels, des Gewerbefleißes, der Kenntnisse und der gesellschaftlichen Freiheit verbindet«. Er dachte an ganz Deutschland, »daß dieses Volk eine Strecke Landes besäße, welche eine hinreichende Bevölkerung gestattete, um sich gegen jedes andere Volk zu verteidigen«. Mit diesem anderen Volk war in erster Linie das übermächtige Frankreich gemeint, in zweiter Linie das kaiserliche Österreich. Dann folgt ein im Hinblick auf 1848 unerwarteter und geradezu prophetischer Satz, in dem der Verfasser bedauert, »daß wir noch ein halbes Jahrhundert durchleben müssen, ehe eine vollkommene Staatsverfassung als ausüblich kann vorgelegt werden«.

Hier aber geht es nicht um die verfassungsrechtliche Würdigung dieses allerersten Entwurfs für eine gesamtdeutsche Republik (»ohne das zahllose Heer von Fürsten, Herzogen, Grafen, Baronen, Prälaten, Pröpsten, Prioren, Bischöfen, Kurfürsten, Konsistorien samt allen ihren Ober- und Unterbeamten, Kanzlisten und

Einnehmern«), vielmehr um das merkwürdige Schicksal dieses Textes. Zuerst einmal ruhte er runde 160 Jahre vergessen in den Archiven. Eine gesamtdeutsche Republik stand nur 1848 kurz auf der Tagesordnung, sie verschwand bald danach. Dann entdeckte Heinrich Scheel den Text nach 1960 als Beilage Nr. 10 zum Bericht der kursächsischen Gesandtschaft aus Rastatt vom 13. März 1799 im Landeshauptarchiv Dresden. Er mußte im markgräflichen Oberland, also in der äußersten südwestlichen Ecke Deutschlands, einen lebhaften Absatz gefunden haben, die kursächsischen Delegierten bekamen das mit und fügten ihrem Bericht an den Hof sogleich ein Belegexemplar der gefährlichen Schrift bei. In Dresden war man, nicht anders als die badischen und breisgauischen Amtsleute, beunruhigt. Wer das verfaßt hatte, war unbekannt; auch standen weder Druckort noch Drucker in der mehr als 110 Seiten umfassenden Broschüre. Nur das Druckjahr war – freilich in der revolutionären Zählung – verzeichnet.

Wahrscheinlich aber wußten oder ahnten die Eingeweihten in der äußersten Südwestecke zum mindesten den Drucker. Es war Samuel Flick, der der Revolution und der schweizerischen Staatsumwälzung wohlgesinnte Basler Drucker, befreundet mit Peter Ochs, aufgenommen in den Kreis der Franzosenfreunde, vertraut mit den Plänen der süddeutschen Republikaner. Anders gesagt: Der überhaupt erste Verfassungsentwurf für ein republikanisches Gesamtdeutschland – nicht nur eine süddeutsche markgräflich-

Bild 6

Revolutionäre Symbol-Grafik von Samuel Flick:
Die von Flick in der Schweiz verwendete Version zeigt noch auf der Spitze des Freiheitsbaumes die Jakobinermütze und seitlich am Fuß den gallischen Hahn. Die in Süddeutschland verwendete Version kommt ohne diese jakobinischen und französischen Symbole aus – vermutlich um den süddeutschen Republikanern eine allzu starke Identifikation mit den französischen Expansionsgelüsten zu ersparen.
Die Zeichnung von Marquard Wocher mit den beiden Gestalten und dem Freiheitsbaum befindet sich im Kupferstichkabinett der Öffentlichen Kunstsammlung Basel.

Phot. Universitätsbibliothek Basel

breisgauische Republik – stammt aus der Schweiz. Wer im Raum Lörrach-Freiburg, im oberen Elsaß und auf der Basler Seite Flicksche Druckerzeugnisse kannte – und das waren viele! –, konnte sich nicht täuschen. Die Vignette auf dem Titelblatt zeigte zwei antik kostümierte Damen, wohl Allegorien von Freiheit und Gleichheit, zwischen ihnen stand ein mit einem Kranz behängter Freiheitsbaum. Im Unterschied zu der von Flick normalerweise gebrauchten Version dieses Bildes, das auf der Tanne noch eine Jakobinermütze und auf der Seite der Gruppe einen vergnügten gallischen Hahn zeigte, hatte der Kupferstecher (vermutlich der Basler Johann Friedrich Huber) diese beiden allzu franzosenfreundlichen Details weggelassen. (Dafür signierte er mit einem H.) Man wollte sich mit dieser Schrift ja an Freiburger, Breisgauer, Markgräfler und Schwarzwälder richten, die freilich 1796 und dann 1798/9, also zur Zeit der Drucklegung, mit französischem Militär im eigenen Land einigen Kummer hatten, aber auch – analog zur Schweiz – an eine republikanische Staatsgründung denken konnten.

Die Publikation war für Flick ein gutes Geschäft. Heinrich Scheel (»Süddeutsche Jakobiner«) zitiert die Aussage eines Spitzels, wonach von dieser Konstitution »ganze Ballen auf Güterwagen von Basel ins Württembergische« geschickt wurden und in Basel selber um die 200 Markgräfler diesem Verfassungsentwurf durch ihre Unterschrift die Zustimmung gaben. Das zeigt die Breite der um sich greifenden Bewegung. Die Optionen, würden wir heute sagen, waren folgende: Entweder Vereinigung von Baden und eventuell Württemberg mit der helvetischen Schweiz oder Gründung vorerst einer eigenen süddeutschen Republik mit der Absicht, von der Südwestecke des Reiches aus weiter Richtung Mainz, Würzburg, Sachsen, Nürnberg und Bayern zu wirken, um schrittweise eine gesamtdeutsche Republik analog zur französischen zu errichten. Die dritte Option, daß nämlich der Erste Konsul lieber mit deutschen Fürsten verhandelte, um zuerst das Reich aufzulösen und dann den ihm zudienenden Rheinbund einzurichten, war für die deutschen Republikaner vor 1800 die am wenigsten denkbare. Es war aber genau diese, die sich bewahrheitete.

Wenn an einem freiwachsenden Baum sich einmal ein Stamm gegabelt hat, wachsen zwei Äste weiter. Sich zu fragen, wie der Baum ohne Gabelung sich entwickelt hätte, ist müßig. Die Schweiz löste sich im Westfälischen Frieden erstmals formell vom Reich, doch ist diese Gabelung vielleicht weniger wichtig als die Trennung der geschichtlichen Wege 1798/9. Die Schweiz übernahm – nicht nur aus eigenem Willen – ihre erste Verfassung von Frankreich; Süddeutschland kam nur bis an die Schwelle einer eigenen Konstitution, aber aus Uneinigkeit und nach dem Willen der Franzosen nicht darüber hinaus. Die Schweiz von 1848 konnte auf die helvetische Verfassung, über sie auf die französischen der frühen 90er Jahre, desgleichen auf die Mediationsverfassung Napoleons von 1803 zurückgreifen; die deutsche Bundesversammlung von 1848 fand vergleichbare Fundamentreste nicht und geriet mit ihrer von Napoleon zugleich vereinfachten wie sanktionierten Vielstaatlichkeit in den preußischen Sog. So verdrängt das Geschichtsbewußtsein der Schweizerinnen und Schweizer die helvetische Periode, und das republikanische Deutschland ist nach wie vor auf die Daten 1848 und 1918 fixiert.

Ein paar Einzelheiten zu diesem Verfassungsentwurf, »wie er in Deutschland taugen möchte«, sind nachzutragen. Das in Dresden liegende Exemplar ist nicht das einzig erhalten gebliebene. Auf der Universitätsbibliothek Basel befindet sich ein ebensolches, das gerade für diese Verdrängungstendenz beredtes Zeugnis ablegt. Bis in den Dezember 1993 nämlich war es unaufgeschnitten, also noch nie gelesen worden! Nicht weniger als 194 Jahre lang lag es unbeachtet im großen Bestand an Schriften im Zusammenhang mit den Auswirkungen der Revolution in Süddeutschland und in der Schweiz. Die Wahrscheinlichkeit ist groß, daß Samuel Flick selber das Buch in diesem Zustand als Belegexemplar an die Bibliothek oder wohl eher an die damalige Lesegesellschaft geliefert hatte.

Was den Autor der Schrift anbelangt, so stellte Heinrich Scheel in den 60er Jahren unseres Jahrhunderts fest: »Der Autor ist unbekannt.« Die an Scheel anschließenden Forschungen von Erwin Dittler (»Jakobiner am Oberrhein«, Kehl 1976) und Uwe Schmidt haben das Dunkel aufgehellt, aber nicht ganz beseitigt.

(Schmidt sieht ein Verfasserteam aus Karl Fahrländer, Ernst Alexander Jägerschmidt, Georg List, Johann Gottlieb Bärstecher am Werk.) Als Verfasser gilt nach Dittler am ehesten der 1758 in Ettenheim geborene Karl Fahrländer, 1789 als Pater Augustin Benediktiner Mönch im Kloster Ettenheimmünster, rechtsrheinisch in der Ortenau ungefähr auf der gleichen Höhe wie das linksrheinische Schlettstadt gelegen. Um 1793 verließ er den Orden, ging ins Elsaß, kämpfte in der Vendée mit, 1796–1798 ist er in Basel nachweisbar als eine zentrale Figur im revolutionären Verschwörerkreis von Elsäßern, Süddeutschen und helvetischen Patrioten. Eindeutig belegt ist seine Autorschaft an einer »Denkschrift über die Vereinigung eines Theils von Deutschland mit Helvetien« vom September 1799. Im sprachlichen Ausdruck war er sehr souverän, das kultivierte, oft geradezu schöne oder noble Deutsch des Verfassungsentwurfes könnte durchaus auf ihn zurückgehen:

»Zweiter Teil, Grundartikel der Verfassung des deutschen Freistaates:

1. Die deutsche Völkerschaft ist ihr einziger Oberherr. Sie verfasset und vollziehet ihre Gesetze und strafet die Übertreter desselben.

2. Sie bildet einen einzigen unzerteilbaren Körper unter einem und demselben Gesetze; keine Abteilung derselben hat eine abgesonderte Gewalt. Sie ist der eine und unzerteilbare deutsche Freistaat.

3. Keine Macht und kein Ausspruch kann je einen Teil von ihr trennen. Sie handhabet ihre Oberherrschaft

und die Unzerteilbarkeit ihrer Besitzungen durch Aufbietung aller ihrer Kräfte und macht mit niemanden Friede, der sich einen Teil ihrer Oberherrschaft oder ihrer Besitzungen anmaßet, bis dieser genötigt ist, von den Anmaßungen abzustehen.«

Mit solchen Sätzen wird auch deutlich gesagt, daß im Unterschied zu der von den Franzosen besetzten und ihnen ausgelieferten Schweiz die geplante gesamtdeutsche Republik eine von Frankreich unabhängige, ihm aber freundschaftlich zugeneigte Macht werden sollte. Gerade daran dachte Bonaparte nicht.

Das weitere Schicksal des vermutlichen Verfassers, also von Karl Fahrländer, der eng mit seinem Bruder Dr. Sebastian Fahrländer liiert war, zeigt ihn als unermüdlichen revolutionären Agitator zuerst im Basler Raum, dann im Fricktal, wo er im August 1800 das Bürgerrecht erwarb, sich zugleich bei der helvetischen Regierung für einen eigenen Kanton Fricktal einsetzte. (Noch war das Fricktal ja vorderösterreichisches Land, doch von den Franzosen besetzt.) Fahrländer schreibt sogar eine Bittschrift an Napoleon, entwirft eine Fricktaler Verfassung. Dittler vermutet, daß er in dieser Zeit im Dienst der Helvetischen Republik stand, auf jeden Fall sind persönliche Beziehungen zu Minister Stapfer und dem Mitglied des Vollziehungsausschusses Johann Rudolf Dolder nachweisbar. Fahrländer folgte möglicherweise dem helvetischen Direktorium von Aarau nach Luzern und dann nach Bern. 1803 aber wurden er und sein Bruder aus dem Fricktal ausgewiesen. Fahrländer bewarb sich um eine Lehrerstelle in Baden-Baden, immatrikulierte sich dann in Heidelberg für das Studium der Kameralwissenschaften. 1808 erscheint er als etwas umstrittener Schulleiter im französischen Wissembourg, wo er erst im Alter von 50 Jahren heiratete. Er starb am 29. Mai 1814 in Wissembourg.

Ettenheim, Straßburg, Basel, Fricktal, Aarau, Bern, Wissembourg – diese Stationen markieren in der Zeit von 1789 bis 1814 zugleich einen politischen Raum, in dem das staatliche Geschick der Schweiz für das Zeitalter der sogenannten Moderne entschieden, im Fall von Deutschland aufgeschoben wurde. Zwar war das süddeutsche Revolutionspotential vorhanden – in stärkerem Maße auch, als es lange Zeit die deutsche Geschichtsschreibung wahrhaben wollte –, aber die Ausbildung zu einer staatlichen Form gelang ihm nicht. Somit war für das Frankfurter Vorparlament und für die Bundesversammlung 1848 kein abrufbares Kapital vorhanden, mit dem sich verfassungsrechtlich wirtschaften ließ. Deutschland wurde auf den schwierigen Weg der Zollvereine und der Reichsgründung durch Bismarck verwiesen. Als die Stunde der Weimarer Republik schlug, war der Entwurf einer republikanischen Verfassungsurkunde, »wie sie in Deutschland taugen möchte«, längst in Vergessenheit geraten. Erst ein Historiker der DDR hat sie in unseren Zeiten aus ihr erlöst.

Axel Kuhn, Professor für neuere Geschichte an der Universität Stuttgart, hat 1989 (herausgegeben von der

Niedersächsischen Landeszentrale für politische Bildung, Hannover) eine kleine Schrift publiziert, die sich »Freiheit, Gleichheit, Brüderlichkeit. Debatten um die Französische Revolution in Deutschland« nennt. In ihr sind all die merkwürdigen Bewegungen revolutionärer und republikanischer Natur im letzten Jahrzehnt des 18. Jahrhunderts an der westlichen Grenze und in der südwestlichen Ecke des Reiches zusammengefaßt und auch nach ihren Forschungsergebnissen dargestellt. Diese knapp über 100 Seiten zählende Broschüre macht eines klar: Aus dem preußischen Gesichtswinkel ist es schwer und fast unmöglich, den republikanischen Bestrebungen im deutschen Westen und Südwesten gerecht zu werden. Ernsthaft an eine Republik dachte man eigentlich nur in den Rheinlanden, in Baden und in Württemberg. Dabei ist die Qualifikation »preußisch« vielleicht sogar ungerecht, denn als Hardenberg anno 1807 sein Programm »demokratischer Grundsätze in einer monarchischen Regierung« niederschrieb, dachte er an einen »Bund, ähnlich dem der Jakobiner«, griff also seinerseits im Vorfeld der deutschen Freiheitskriege auf das revolutionäre Gedankengut der Französischen Revolution zurück.

Axel Kuhn und Uwe Schmidt mögen sich der Meinung von Erwin Dittler, daß Karl Fahrländer diesen ersten Verfassungsentwurf geschrieben haben könnte, nicht recht anschließen. Wenn es dennoch so wäre, hätte das erste republikanische Grundgesetz für Deutschland zum Vater einen Ettenheimer, der später Schweizerbürger wurde und als französischer Schulleiter starb. Gedruckt wurde das nicht weniger als 547 Artikel umfassende Werk auf jeden Fall in Basel – das heißt von einem Kreis aus Leuten, die sich gegenseitig wenig nach ihren Bürgerrechten als Elsäßer, Markgräfler, Württemberger und Schweizer fragten.

Am 26. Juni 1974 sprach der damalige deutsche Bundespräsident Heinemann in Rastatt vom »machtvollen Strom, der eine Zeitlang die uralten Dämme der Herrschaft von wenigen überspülte. Wir denken an die deutschen Jakobiner, an die bürgerlichen Liberalen, an die radikalen Demokraten.« Sie sind somit nicht nur vergessen.

5. Drei Farben in der deutschen Fahne

Schwarz-rot-gold sind die Farben der heutigen Bundesrepublik Deutschland. Die Heraldiker richten ihr Augenmerk in erster Linie auf Zeichen und Farben und auf die Aufteilung des Wappenschildes. Eher zweitrangig sind Überlegungen, wie heraldische Farben und Zeichen auch sonst in Erscheinung treten, auf Fahnen und an Flaggenstangen, auf Fensterläden und als Dekorationen, als Rosetten oder in grafischen Verzierungen. Im Zweiten Weltkrieg waren die Flugzeuge der Alliierten zum Teil mit konzentrischen dreifarbigen Ringen markiert – es gibt auch militärische Vereinfachungen von nationalen Farben.

Bleu-blanc-rouge, also blau-weiß-rot, sind die Farben der Französischen Revolution. Sie treten in Frankreich an die Stelle der königlich-bourbonischen goldenen, gelegentlich weißen Lilien auf blauem Grund. Wir sind in den letzten Jahren des 18. Jahrhunderts. Die mächtigste Industrie der damaligen Zeit ist die Textilindustrie, sind Spinnereien, Webereien, Färbereien, Veredlungsbetriebe. Das Blau-weiß-rot der Revolution tritt zuerst textil in Erscheinung, als Band, Bändel, Rosette, Kokarde, Schärpe, Schulterschleife. In der Staatsgalerie Stuttgart befindet sich das von Ludovike Simanowiz gemalte Portrait des Eberhard Wächter von 1791.

Wächter trägt auf einem dunkeln Hut am linken Rand geraffte Seidenbändel von blau-weiß-roter Farbe. Er deklariert sich damit als ein Freund der Revolution. Von Goethe stammt aus dem Jahr 1792 das in Düsseldorf befindliche Aquarell einer Landschaft mit Freiheitsbaum. Auf der Spitze eines Stammes ohne Äste sitzt die rote Jakobinermütze mit einer Kokarde in Form einer Rosette, links und rechts unter dieser Mütze flattern blau-weiß-rote Bänder. Wie revolutionäre Rosetten beschaffen waren, ist besonders schön auf den beiden im Stadtarchiv Kempten im Allgäu aufbewahrten Originalkokarden, einer französischen und einer helvetischen, zu sehen. Sie machen offensichtlich, daß solche Kokarden zur Zeit der sich mechanisierenden Textilindustrie schon professionell fabriziert wurden. Aus Paris stammt die nach Boizot gestochene Allegorie der Freiheit von 1790, die eine blau-weiß-rote Schärpe oder Bauchbinde trägt, wie sie heute noch französische Bürgermeister bei Amtshandlungen anlegen. Aus den Darstellungen des Bastille-Sturms 1789 kennen wir noch keine Trikolore, aber spätestens mit dem Ausbruch des ersten Koalitionskrieges 1792 ist der neue Farbklang als Zeichen der Revolution auch außerhalb von Frankreich zu finden, in Altona und Mainz signalisiert er revolutionäre Unternehmungen.

Wer produzierte solche Dinge? Eines ist sicher: Im Unterschied zum alten französischen Wappen mit Lilien mußten diese Erkennungszeichen nicht mehr gestickt oder aufgenäht werden; eine blau-weiß-rote Trikolore ließ sich auch behelfsmäßig in Hausarbeit selber schneidern. Für Bänder und Schärpen gab es bereits Manufakturen mit Webstühlen, die die gewünschte Ware in jeder Breite und Farbkombination zu liefern wußten.

Aus dem Tagebuch des Ignaz Speckle, Abt von St. Peter im Schwarzwald, wissen wir, daß im Juli 1796, als die Franzosen in Freiburg einzogen, plötzlich auf vielen Hüten Kokarden erschienen. Ein Herr Kapferer verkaufte sie, das Stück zu vier Kreuzern. Einem von Erwin Dittler zitierten Bericht aus Lörrach vom 8. Februar 1798 ist gar zu entnehmen, daß in den Tagen, da parallel zur helvetischen eine süddeutsche Republik ausgerufen werden sollte, im Oberamt Röteln über 1000 Basler Kokarden – in welcher Farbgebung, steht nicht verzeichnet – verkauft worden seien, eine für Lörrach und Umgebung erstaunlich hohe Anzahl. Wahrscheinlich zeigten sie, wie Heinrich Scheel in seinem Werk »Jakobinische Flugschriften« anmerkt, die für das oberrheinische Gebiet vorgesehenen cisrhenanischen Farben grün-weiß-rot. Der französische General Augereau, der den Rastatter Kongreß sprengen wollte, führte sie und dachte an eine schwäbische Republik. Bei Uwe Schmidt »Südwestdeutschland im Zeichen der Französischen Revolution« ist nachzulesen, daß württembergische Untertanen aus Straßburg mit schwarz-rot-grünen Kokarden zurückkehrten, aus dem gleichen Jahr 1798 weiß er auch von rot-gelb-blauen Kokarden für die geplante badische Republik zu berichten.

Die Kokarde war eine Modeerscheinung, getragen von einer Textilindustrie im ersten Mechanisationsgrad mit sogenannten Posamenter-Webstühlen, wie sie sich in den Dörfern rund um Basel entwickelt hatte. Solche Moden griffen nicht anders um sich als heutzutage – gerade jetzt erleben wir das Aufkommen der Pins, die auf der einen Seite die Kunststoffe und auf der andern Seite relativ billige Preßwerkzeuge zur Voraussetzung haben. Die Pins von heute steckt man sich aus Spaß an einer Sache oder einem gewissen Zugehörigkeitsgefühl an; dreifarbige Rosetten nach 1790 deklarierten den Träger als einen revolutionären oder republikanischen Gesinnungsfreund. Sein Widersacher, etwa der kaiserlich Gesinnte, trug eine einfarbig weiße Kokarde. Im schon genannten Werk von Heinrich Scheel wird ein Gedicht von 1794 aus Nürnberg zitiert, das die aggressive Bedeutung solcher Rosetten deutlich macht:

»Mit so Kokarden ziehen wir
vor eure Wohnung und Quartier,
Euch Schurken und infamste Horden,
Euch große Dieb' im Staat zu morden.«

Als sich das ehemalige Untertanengebiet der Berner, die französisch sprechende Waadt, selbständig machte, tauchten grüne und grün-weiße Kokarden auf; als die Toggenburger Revolution machten, notierte Ulrich Bräker dreifarbige Bänder. Als sich im selben Jahr 1798 der Kanton Basel freiwillig revolutionierte, waren

Farbtafeln

Neben politischen, gesellschaftlichen und verfassungsrechtlichen Umwälzungen brachte die Französische Revolution auch eine Bilderwelt von einer neuen Semantik hervor. Sie entwickelte sich als ein Ausdruck des Bürgertums aus dem Klassizismus, der seinerseits die Formenwelt des sogenannten Rokoko ablöste. Das Blau-Weiß-Rot der Revolution in Frankreich führte dazu, daß Trikoloren – in Form von Schärpen, Kokarden, Fahnen – zu republikanischen und dann nationalen Insignien wurden. Die mehrheitlich trikoloren Nationalflaggen der heutigen Staaten zehren in diesem Sinn von einem revolutionären Erbe.

Zur nächsten Seite, Tafel 1
Die noch heute kantonal ausgesprochen kleinräumig gegliederte Schweiz wird gern als ein Sonderfall der politischen Aufteilung betrachtet. Vor der Französischen Revolution war das der Schweiz benachbarte Süddeutschland nicht weniger in kleine und kleinste Herrschaftsbereiche zersplittert. Eine Karte von 1751 zeigt diese den heutigen schweizerischen Kantonen wesensverwandte Aufteilung der süddeutschen Nachbarschaft.

Phot. Kartensammlung Universitätsbibliothek Basel: Cercle de Souabe par Sr. Robert, Géographe ordinaire du Roy, 1751.

BRISGAU
DE BADE
DOURLACH
COMTE DE HOHENBERG
FURSTENBERG
LANDGRAVIAT DE NELLENBURG
LANDGRAVIAT de Kleggau
FURSTENBURG HEILIGENBERG
COMTÉ DE KONIGSECK
Comté de Montfort
SUISSES
LAC DE BODEN
ZÉE CONSTANCE
les 4 Villes Forestières
Schaffhausen
Zurich
Echelle
Mille pas Geometriques de 60 au degré
Milles d'Allemaigne de 15 au degré

Tafel 2

Die Figur des Wilhelm Tell mit seinem Sohn, die dank Marquard Wocher in der Corporate Identity der Helvetik (1798–1802) eine dominierende Rolle spielte, geht auf ein Trinkgefäß des Bildhauers Alexander Trippel (1744–1793) um 1781 zurück. Es wurde bei den Treffen der helvetischen Gesellschaft fleißig benutzt.

Phot. Schweizerisches Landesmuseum, Zürich: Alexander Trippel, Wilhelm Tell mit seinem Sohn, Neg.-Nr. CO-5276, Inv.-Nr. IN-70.

Tafel 3

Beim Sturm auf die Bastille vom 14. Juli 1789 wehte noch
keine blau-weiß-rote französische Trikolore.
Dieser neue Farbklang wurde erst kurz danach geboren.
Er tritt früh in der Form einer um den Leib geschlungenen Schärpe
auf, wie französiche Bürgermeister sie heute noch tragen.

Phot. Germanisches Nationalmuseum Nürnberg:
La Liberté von Thérèse-Eléonore Lingée, 1790, Farbstich, Inv.-Nr. K 18210.

Tafel 4

Blau-weiß-rot als republikanisches Erkennungszeichen wird
auch außerhalb von Frankreich verwendet und
kommt einem Bekenntnis zu den Ideen der großen Revolution gleich.
Ein süddeutscher Patriot duldet oder verlangt es sogar
auf seinem Porträt.

Phot. Staatsgalerie Stuttgart:
Simanowiz Ludovike, Bildnis des Malers Eberhard Wächter, Inv.-Nr. 949.

Tafel 5

Aus der Zeit seiner Teilnahme an der Schlacht bei Valmy datiert ein Goethe zugeschriebenes Aquarell, das seine Faszination an der Symbolik der Französischen Revolution zeigt. Freiheitsbaum, Jakobinermütze, trikolore Bänder und Dekorationen schaffen eine neue Semantik.

Phot. Goethe-Museum Düsseldorf: Johann Wolfgang von Goethe, Luxemburger Landschaft mit »Freiheitsbaum«, Aquarell über Bleistift und Tuschfeder, 1792.

Tafel 6

Die Revolutionierung von Genf fällt in die Jahre der Pariser terreur. Die symbolische Sprache der Genfer Revolutionsinsignien macht das deutlich. Zum ersten Mal treten eine waagerechte Trikolore in den Genfer Farben schwarz-gelb-rot und eine entsprechend gestaltete Kokarde auf. Dieser Farbklang wurde auch für die Helvetische Republik erwogen.

Phot. Universitätsbibliothek Basel:

Jean Daniel Blavignac, Armorial Genevois, Genf 1849, Planche XIV.

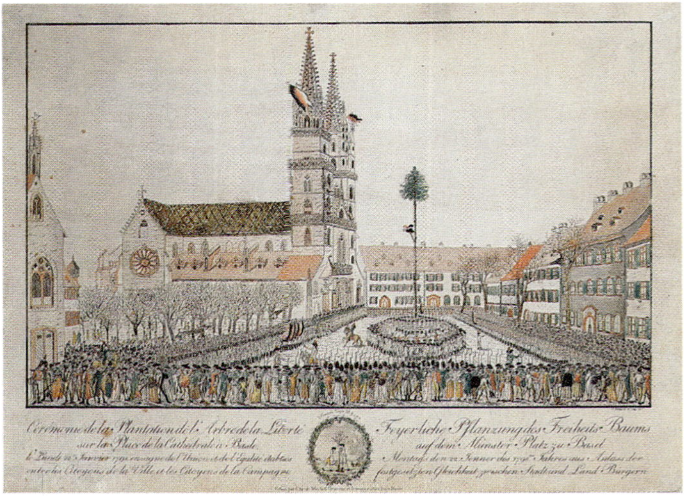

Die Dreifarbigkeit als revolutionäres und republikanisches Zeichen ist etabliert, aber paßt sich den jeweils lokalen politischen Traditionen an. Rot-weiß steht für Liestal und die Landschaft Basel, schwarz-weiß steht für die Stadt Basel. Die Stadt und die Landschaft sind politisch noch ein Gemeinwesen, also bietet sich der Dreiklang schwarz-weiß-rot an.

Phot. M. Babey: Aufrichtung des Freiheitsbaumes am 22. Jan. 1798 zu Basel, Inv.-Nr. Neg. 1896.47/C817.

Tafel 8

Kokarden wurden von der Textilindustrie des ausgehenden 18. Jahrhunderts in großen Stückzahlen hergestellt. Ein Chronist aus Kempten im Allgäu hat in seine Aufzeichnungen und Dokumentensammlung zwei Exemplare aufgenommen, eine französische und helvetische Kokarde. Die letztere ist nach meinem Wissen die einzig erhalten gebliebene.

Stadtarchiv Kempten: Peter Gebhart, Mitglied (Beisitzer) des Stadtgerichts, Chronik der Reichsstadt Kempten von 1600 bis 1802, B 129 u, eingebunden zwischen fol. 147/148. Phot. Marlies Tschopp.

Tafel 9

In einer Kurznovelle von Gottfried Keller »Verschiedene Freiheitskämpfer« tritt ein Blechlackierer Zulauf auf, der Freiheitshüte aus Blech mit aufgesetzten Kokarden schmiedet. Daß das keine poetische Fiktion, sondern eine noch 50 Jahre später bekannte Wirklichkeit war, zeigt ein Freiheitshut aus Basel mit einer revolutionären Kokarde in den Farben schwarz-weiß-rot.

Historisches Museum Basel,
Phot. M. Babey: Freiheitshut aus Blech, Inv.-Nr. Neg. 1894.38/C1919.

Tafel 10

Nach französischem Vorbild trugen die Direktoren der Helvetischen Republik über die Schulter eine breite Schärpe in den Nationalfarben. Die Behördenmitglieder bekamen überdies pompöse Kostüme in definierter Farbgebung, die Peter Ochs als dem Gründervater der Helvetischen Republik zuwider waren. Aber als helvetischer Direktor ließ er sich mit der amtlichen Schärpe malen.

Historisches Museum Basel,

Phot. M. Babey: Portait Peter Ochs, Direktor, Inv.-Nr. Neg. CF94.

Tafel 11

Wie stark der Klassizismus staatliche Symbolgestalten beeinflußte, zeigt die Darstellung der Geneva von 1794 aus Genf. Als Republik trägt sie keine Krone, ihre Insignien entstammen der römischen Antike, Rousseau wird als geistiger Begründer zitiert. Die Farben des Kostüms entsprechen den alten Genfer Farben.

Musée d'art et d'histoire de la Ville de Genève, Phot. Jean-Marc Yersin: Jean-Pierre Saint-Ours (1752-1809), étude pour la figure de la République, 1794, huile sur panneau, Inv.-Nr. 1985-240.

Tafel 12

Mehr als 50 Jahre liegen zwischen der Geneva und der Germania aus dem Bundestag Frankfurt von 1848. Aber die symbolische Sprache ist noch die gleiche. Wohl aus Gründen der Farbkombination trägt die Germania jedoch einen blauen Mantel.

Phot. Germanisches Nationalmuseum Nürnberg:
Germania, Transparent für die Deutsche Nationalversammlung von Philipp Veit, 1848, Öl auf Leinwand, Inv.-Nr. Gm 608.

Tafel 13

Die deutsche Tradition führt die Entstehung der Nationalfarben auf die Fahnen der Burschenschaft Jena zurück. Rot und schwarz ist ihre Farbe, das Gold ist nicht heraldischer Bestandteil, sondern zusätzliche Dekoration mit Fransen oder einem aufgestickten Zweig.

»Gründerfahne«:

Fahne der Jenaischen Burschenschaft 1815, Seide 142cm x 102cm, Mainz, Jenaische Burschenschaft Arminia a.d. Burgkeller.

»Wartburgfahne«:

Fahne der Jenaischen Burschenschaft 1816, 181cm x 183cm, Nachbildung aus Schapperipsseide, Leoben, Deutsche Burschenschaft. Phot. Prof. Dr. Peter Kaupp.

Tafel 14

Das vielleicht wichtigste Dokument für die Existenz
einer deutschen Nationalflagge ist das Bild vom
Hambacher Fest 1832. Mehrere Fahnen sind darauf zu sehen
(die Inschrift auf der weißen Fahne unten rechts ist nicht lesbar),
aber die Farben sind in zwei verschiedenen Varianten kombiniert:
schwarz-gold-rot in der Genfer Reihenfolge und
schwarz-rot-gold in der heute üblichen Reihenfolge.

Phot. Städtisches Heimatmuseum Stadt Neustadt an der Weinstraße:
Zug auf das Hambacher Schloß 1832 von Joseph Weber, 1832,
Öl auf Leinwand, Inv.-Nr. 30.

Tafel 15

Aus Wilhelm Tell ist ein mittelalterlicher Krieger
mit einer Trikolore und drei farbigen Federn auf dem Hut geworden.
4-Franken-Stück der Helvetik, 1801, Privatbesitz Basel.

Der Verfasser dankt den verschiedenen Museen,
Archiven, Bibliotheken und Sammlungen für die Mitarbeit
und die fotografische Dokumentation.

seine Kokarden rot-weiß-schwarz. Rot-weiß stand für Liestal, Hauptort der Landschaft, weiß-schwarz bedeutete Basel, Hauptstadt des Kantons.

Von deutschen Farben noch keine Spur. Wie hätte es auch sein können. Das alte Deutsche Reich war zusammengesetzt aus rund 300 verschiedenen Herrschaften, eng ineinander verzahnt mit zahlreichen Enklaven. Der Herzog von Sachsen-Weimar mußte, wenn er seine Gebiete in Eisenach, Ostheim, Neustadt, Altstadt oder Ilmenau besuchen wollte, immer über fremdes Territorium reiten. Nur größere Staaten wie etwa Preußen oder Bayern konnten sich auf im Bewußtsein der Landeskinder fest etablierte Landesfarben berufen.

Um sich über die deutschen Farben ins Bild zu setzen, ist somit der zeitliche Weg von früher nach später der schwierigere. Also kehren wir das um und gehen von dem Punkt an rückwärts, da die deutschen Farben sicher etabliert sind. Der Bundestag in Frankfurt kennt 1848 schwarz-rot-gold, die Überlieferung ist eindeutig. Philipp Veit malte im März 1848 eine monumentale Germania von fast fünf Metern Höhe, die in der rechten Hand die waagrechte Trikolore in der heutigen Abfolge der Farben hielt. (Freilich war ihr Mantel noch blau.) Sie wurde an der Wand über dem Präsidium angebracht. Die gleichen Farben wehten aber schon 16 Jahre früher, beim Zug auf das Hambacher Schloß vom 27. Mai 1832, nicht nur in der Reihenfolge von Frankfurt, sondern in der heraldisch richtigeren Folge schwarz-gold-rot. Noch einmal 14 Jahre zurück versammelten sich am 17. Oktober 1818, am Vortag der Feier der Leipziger Schlacht, Vertreter fast aller deutschen Burschenschaften. Sie beschlossen ein gemeinsames Zeichen. »Die ehemalige deutsche Farbe erschien dazu die passendste«, sagt der Sitzungsbericht, sagt aber nicht, worin sie bestand. Erst später nannte ein Teilnehmer schwarz, rot und gold.

Nicht ganz sicher nachzuweisen ist, ob die am 12. Juni 1815 in Jena gegründete Burschenschaft mit der Losung »Teutschthum und Christenthum« schon am gleichen Tag oder kurz danach auf den Vorschlag des Turnvaters Jahn ein schwarz-rot-goldenes Banner beschloß. Auf jeden Fall trugen die Hauptanführer dieser Burschenschaft über die Schultern schwarz-rote, mit Gold durchwirkte Schärpen, die übrigen Mitglieder banden sich (wie es einst die jakobinischen Bürgermeister getan hatten) entsprechende Schärpen um den Bauch. Die sogenannten Karlsbader Beschlüsse vom August 1819, mit denen Metternich dem Burschenschafterwesen den Garaus machen wollte, verboten auch das Farbentragen. Ein Student namens Binzer dichtete damals:

»Das Band ist zerschnitten,
War schwarz-roth und Gold,
Und Gott hat es gelitten,
Wer weiß, war er gewollt.«

Über die Herkunft dieser Farben wurde auch historisch spekuliert. Schwarz war der Reichsadler, gelb (heraldisch golden) das Wappenschild, rot waren die Krallen und der Schnabel des Adlers. War das gemeint? Die Publikation von Paul Wentzcke (»Die deutschen Farben«, Heidelberg 1955) bildet die vom März 1816 stammende Fahne der Jenaer Burschenschaft ab, hergestellt von einer Stickerin namens Amalie Nitschke. Es ist eine waagrechte Trikolore in den Farben rot-schwarz-rot, diagonal ins schwarze Feld ist ein goldener Eichenzweig gestickt. Zudem war sie von goldenen Fransen umgeben. Das Farbenlied der Jenaer Burschenschaft bestätigt den Befund, denn es nennt »die Farben Rot und Schwarz mit Gold umzogen«.

Das sind die frühsten Belege für die heutigen Farben der Bundesrepublik Deutschland. Daß sie auch am Wartburgfest, einer studentischen Reformationsfeier, von 1817 geweht haben, ist mit letzter Zuverlässigkeit nicht nachweisbar, kann aber angenommen werden. Nach 1820 soll diese Fahne aus Furcht vor der Metternichschen Polizei für ein paar Jahre in Bern untergebracht worden sein; es gibt Berichte von einer Handwerksgesellen-Versammlung mit deutscher Beteiligung, die im Zeichen von schwarz-rot-gold stand. Somit fehlen fast 20 Jahre, um die Verbindung zwischen dem Rot-schwarz-rot (mit Gold verziert) der Jenaer Burschenschaft und den dreifarbigen Kokarden im süddeutschen Raum und in der Schweiz von 1798 nachzuweisen. Wie läßt sich diese Spanne überbrücken?

Ein versuchter Brückenschlag beruft sich auf die Farben des Lützowschen Freikorps und seine Uniformen in den Freiheitskriegen. Es trug schwarze Röcke mit roten Aufschlägen und rotem Vorstoß sowie gelben Knöpfen. Als Major Lützow den preußischen König im Februar 1814 um die Erlaubnis zur Aufstellung eines Freikorps anging, bat er darum, daß es »schwarze Montierung tragen dürfe, weil nur bei dieser Farbe die Kleidungsstücke, welche die Freiwilligen schon haben, durch Färben benutzt werden könnten«. Rot an den Aufschlägen, an den Kragen und Achselstücken sowie an der vorderen Kante des Waffenrocks war im preußischen Heer üblich, die gelben Knöpfe waren vermutlich einfach Messingknöpfe. Die Rückführung der deutschen Farben auf diese aus Zivilkleidern schwarz eingefärbte Uniform erscheint als ziemlich problematisch, denn ein eigenes Feldzeichen durfte das Korps laut königlichem Befehl gerade nicht führen: »Farben oder Standarten besaßen die Lützower nicht« (Paul Wentzcke).

Untauglich ist wohl auch die Berufung auf die alten Reichsfarben gelbes Schild, schwarzer Adler, rote Krallen. Denn unübersehbar war in diese Zeit der Reichsdeputationshauptschluß von 1803 gefallen, der die rechtlichen Grundlagen des Reiches zerstörte. Mit der Gründung des Rheinbundes durch Napoleon blieb somit Kaiser Franz II. nichts anderes übrig, als die Römisch-deutsche Kaiserwürde niederzulegen. Der Rheinbund von 1806 brachte das formale Ende des Heiligen Römischen Reiches Deutscher Nation. Daß ein in den deutschen Freiheitskriegen gegen Napoleon erwachendes Nationalgefühl ausgerechnet auf diese gedemütigten Reichsfarben, die übrigens nur im Zweiklang schwarz-gelb präsent waren, zurückgegriffen hätte, ist eigentlich auszuschließen.

Auf dem Weg nach rückwärts, über Jenaer Burschenschaft hinweg, kommt man nicht weiter. Versuchen wir es vorwärts, ausgehend von der Liberté mit Bauchbinde oder von Goethes Aquarell mit den trikoloren Bändern am Freiheitsbaum. Wir haben es noch mit dem Frankreich zu tun, das im ersten Koalitionskrieg nach 1792 seine Revolution in die umliegenden Staaten zu exportieren gedachte.

Schauen wir einmal nach Genf, die mit Zürich und Bern verbündete, aber der alten Eidgenossenschaft nicht zugehörige Stadt. Ihr Wappenschild ist senkrecht geteilt, links erscheint auf gelbem Grund ein halber schwarzer Reichsadler, auf der rechten Seite auf rotem Grund ein goldener Schlüssel. Vielleicht stammt das Wappen sogar aus der Zeit, da Friedrich I. Barbarossa die Genfer Bischöfe in den Rang von Reichsfürsten erhob. Ein Zusammenhang mit den deutschen Farben scheint ausgeschlossen, obwohl es die gleichen sind.

Genf hatte seine eigenen, durchaus hausgemachten Revolutionen. 1782 ein Aufstand der Bürgerschaft, zusammen mit den Niedergelassenen; französische, sardinische und bernische Truppen schlagen ihn nieder. Im Gefolge der Ereignisse in Frankreich abermalige Unruhen, 1791 entsteht eine neue Verfassung, eine Kompromißlösung zwischen den alten Familien und der demokratisch gesinnten Bürgerschaft. Sie wird schon 1792 wieder geändert, denn jetzt stehen französische Truppen in Savoyen. 1794 bricht die eigentliche Revolution aus, führt sogar zu einem Terrorregiment nach jakobinischem Vorbild, reiche Bankiers werden füsiliert. 1798, während in der benachbarten Waadt, von den Franzosen unterstützt, die Revolution ausbricht und die Helvetische Republik ausgerufen wird, muß Genf sich mit Frankreich vereinigen und bleibt bis 1815 französisch. Napoleon, ein in semantischen Belangen empfindlicher Herr, verschreibt den Genfern ein neues Wappen.

Die politische Geschichte ist hier nur Hintergrund, es geht um die Farben. 1794, auf dem Höhepunkt der Genfer Revolution, malt der geborene Genfer Jean-Pierre Saint-Ours eine »République de Genève«. Eine gekrönte Frauenfigur hält in der rechten Hand eine römische Standarte mit einem rot-gelben Wimpel, die linke ruht auf einer Urne mit dem Profil Rousseaus. Der Rock der allegorischen Figur ist dunkelgrünschwarz, das Oberkleid golden, der Mantel rot. Es ist die gleiche Semantik, wie sie in der Germania von 1848, also mehr als 50 Jahre später, in Frankfurt wieder auftritt.

Dank einem Berner Sekretär namens J. Rudolf Steck, der die eidgenössischen Hilfstruppen für Genf begleitete, wissen wir noch mehr. Er berichtete unter dem Datum des 17. November 1792, daß die eidgenössischen Kontingente, die die Regierung stützen sollten, für die revolutionäre Propaganda anfällig waren. Sie würden »die dreifarbichten Kokarden eben nicht ganz verabscheuen«. Und jetzt die entscheidende Notiz: »Man hat ... zu Neus (gemeint ist Nyon) ein Zeichen des Ralliements unter den Truppen entdeckt und weiß, daß es die Schweyzer Nationalkokarde abgeben sollte, sie mischten nämlich unter das schwarze und rote einen gelben Streif, damit die Kokarde weniger verdächtig und zugleich dreyfarbicht sey, diese Kokarden sind hier in einem Bordell, wo unsere Artilleristen sich alle Abende befinden, fabriziert worden.«

Einer Publikation von 1849 (Jean Daniel Blavignac: »Armorial genevois«) verdanken wir auch das entsprechende Bildmaterial. Die Genfer Fahne von 1794 war oben rot und unten gelb, in der Mitte lief ein schmalerer schwarzer Streifen durch. Die Kokarde war außen gelb, gegen innen folgte ein schwarzer Ring, in der Mitte war sie rot, zudem hing eine rote Kordel aus der Kokarde.

Entscheidend an dieser Geschichte ist die Tatsache, daß zwischen 1792 und 1794 eine dreifarbige Kokarde in den Genfer Farben dank französischem Einfluß als Symbol revolutionärer Gesinnung verstanden und als mögliche schweizerische Nationalkokarde interpretiert wurde. Waren also nicht so sehr die Wahl der Farben und schon gar nicht ihre Reihenfolge wichtig, sondern bestand das revolutionär-republikanische

Erkennungszeichen schlechthin in einer dreifarbigen Rosette, die durchaus nicht blau-weiß-rot (nach dem Vorbild Frankreichs) sein mußte?

Eine solche These ist zu verifizieren. Im »Schweizer Archiv für Heraldik« listet Günter Mattern eine ganze Reihe von Flaggen und Kokarden aus der Revolutionszeit auf, für 1792 zum Beispiel rot-gelb-hellblaue für die Genfergegend. Nach Tagebuchnotizen des Pfarrers Schmitthenner (zitiert bei Heinrich Scheel, »Süddeutsche Jakobiner«) steckten sich die badischen Oberländer beim Einmarsch der Franzosen im Juli 1796 rot-weiß-blaue Kokarden an. In seiner schon zitierten Broschüre berichtet Axel Kuhn von den Bemühungen um eine cisrhenanische Republik im Raum Köln-Bonn anno 1797: »Im Oktober machte die Vereinigungsbewegung weitere Fortschritte. Man hatte eine eigene, grün-blau-rote Kokarde, eine eigene Uniform, forderte die Aufstellung einer cisrhenanischen Legion und rief nach einem Nationalkonvent.« (Für den Oberrhein weist Heinrich Scheel eine grün-weiß-rote Kokarde nach.) Die revolutionären Kokarden im schweizerischen Kanton Basel waren, das wissen wir schon, 1798 rot-weiß-schwarz. Im »Entwurf einer republikanischen Verfassungs-Urkunde, wie sie in Deutschland taugen möchte« von 1798 stand im 2. Teil, Artikel 97, zu lesen: »Die Nationalfarben sind rot im Umfange, gelb in der Mitte, und die Einlage blau. Jeder Bürger ist schuldig, sie im Vaterlande zu tragen, unter Strafe, als Widerspenstiger angesehen zu werden.«

Während in Süddeutschland die republikanischen Träume scheiterten, wurde aus der Schweiz dank französischer Intervention eine Schwesterrepublik, die helvetische (1798–1803). Typischerweise bezog sich der Beschluß der gesetzgebenden Räte vom 14. April 1798 weder auf ein Wappenschild noch eine hoheitliche Fahne, sondern sie legten fest, »daß die Kokarde dreifarbig seye und zwar sollen die Farben grün, roth und gelb (strohgelb) sein, grün oben, roth in der Mitte und gelb unten«. In der Debatte war davon die Rede, ob die Kokarde ein- oder dreifarbig zu machen wäre, zuerst wurde die Dreifarbigkeit bejaht, dann wählten die Räte grün als Farbe in Würdigung des neuen Kantons Leman (heute Waadt), dessen Freiheitsfarbe von Anfang an grün gewesen sei. (Von den neuen, durch die Revolution geschaffenen Kantonen wählten auch der Thurgau und St. Gallen grün als Farbe.) Die als Nationalkokarde vorgeschlagene Kombination schwarz-gelb-rot wurde am Zürichsee in Stäfa und Horgen getragen, vermutlich hatten Milizen, die sechs Jahre früher in Genf Militärdienst leisteten, diese Abzeichen mitgebracht. Dagegen beschloß am 17. März 1798 die Landes- oder Kantonsversammlung in Zürich rot-schwarz-orange Nationalfarben. In dieses ganze Spiel mit den trikoloren Farbklängen paßt auch, daß die Franzosen unter General Schauenburg bei ihrem Einmarsch in die Schweiz nicht blau-weiß-roten, sondern grün-weiß-roten Fahnen nach dem oberrheinisch-cisrhenanischen Modell folgten. In der Nummer 11 des von Heinrich Zschokke herausgegebenen »Aufrichtigen und wohlerfahrnen Schweizer-Boten« stand schließlich zu lesen: »Unsre Kokarden und Fahnen sind gelb, roth und grün; – denn dies war die Leibfarbe von Wilhelm Tell, und findet man diesen Altvater der Schweizer-Freiheit überall so gemalt und bekleidet in uralten Bildnissen.«

Die helvetische Republik dauerte nicht einmal fünf Jahre. Aber sie nahm ihr – wie wir heute sagen würden – Erscheinungsbild sehr ernst, auch wenn die Farbgebung grün-rot-gelb heraldisch unglücklich war. In der »Geschichte der helvetischen Republik« von Anton Tillier ist im Detail nachzulesen, wie die Magistraten nach dem Vorbild der französischen Direktoren eigentliche Uniformen trugen. »Grüne Straußenfedern wehten von den runden Hüten der Mitglieder des Großen Raths, rothe von denjenigen der Senatoren, dreifarbige von denen der Direktoren.« Die unterstellten Beamten sowie Richter hatten, wiederum nach französischem Vorbild, verschiedene Schärpen und Binden zu tragen. Ein erhaltenes Portrait des Direktors Peter Ochs zeigt diesen 1799 mit einer breiten Schulterschleife in den Farben dunkelgrün-rot-gold.

Im Überblick ergibt sich so etwas wie eine Tabelle:
1790 blau-weiß-rot im revolutionierten Frankreich.
1792 gelb-schwarz-rot in Genf, erstmals deklariert als zukünftige schweizerische Nationalkokarde.
1792 rot-gelb-hellblau Genferseegegend.
1796 rot-weiß-blau im badischen Oberland.

1797 grün-blau-rot eine rheinländische Kokarde.
1798 schwarz-rot-grün in Straßburg für Württemberg.
1798 grün-weiß-rot oberrheinisch-cisrhenanisch.
1798 gelb-schwarz-rot am Zürichsee analog zu Genf.
1798 rot-schwarz-orange in der Stadt Zürich.
1798 rot-weiß-schwarz im Kanton Basel.
1798 grün-rot-gelb Helvetische Republik.
1799 rot-gelb-blau für eine süddeutsche Republik.

Damit ist die Lücke der politischen Farbgebung zwischen 1790 und 1816 wenigstens in der unteren Hälfte aufgefüllt. Die obere Hälfte 1800–1816 fehlt allerdings. Hier ist daran zu denken, daß unter dem Konsulat und dann dem Kaiserreich Napoleons die Mode und die Staats-Symbolik ganz andere Wege gingen. Die napoleonischen Salons waren dunkelrot und golden, das militärische Element drängte die revolutionäre Farbgebung blau-weiß-rot weiter zurück, die goldene Biene Napoleons erschien als heraldisches Zeichen. Aber untergründig blieb eine Gewißheit bestehen: Wer ein dreifarbiges Zeichen in Kreisform trägt, ist ein Freund konstitutionellen republikanischen Denkens nach französischem Muster.

Woher die deutschen Farben letztlich stammen, ist im Hinblick auf die Wahl und die Abfolge der Farben verbindlich nicht zu beantworten. Aber die Form, in der diese Farben erstmals auftraten, ist eindeutig. Es ist die dreifarbige Kokarde, hergestellt aus einem trikoloren Band. Die Dreifarbigkeit ist wichtiger als die Wahl der einzelnen Farben selber. Die erste gelb-schwarz-rote Rosette erscheint in Genf und sollte in der Farbreihenfolge schwarz-rot-gelb schweizerische Nationalkokarde werden, Zürcher Milizen nehmen sie als Souvenir nach Hause mit und ziehen sie sechs Jahre später wieder aus der Schublade. Im letzten Moment wird das Schwarz der helvetischen Nationalfarben durch Grün ersetzt, in Praxis meistens ein Dunkelgrün. Die grün-rot-gelbe Fahne der Helvetik ist vier Jahre lang aktuell, 1803 wird die Schweiz auf Grund der Vermittlung Napoleons wieder zu einem Staatenbund ohne gemeinsames Wappen. (Der helvetische Schärpenträger Peter Ochs schrieb in seinem Handbuch für die Landschulen 1808, daß die Schweiz kein gemeinsames Wappen mehr habe, »jetzt ist es die Vorstellung des Wilhelm Tells mit seinem Sohne«.) Zu fragen wäre, ob das Farbenband der Studenten in Deutschland und kurz danach in der Schweiz – 1819 wurde der Zofinger Verein gegründet – nicht so etwas wie eine verkümmerte Schärpe der Amtsträger in den nachrevolutionären Republiken war. Damit würde sich der farbentragende Burschenschafter letzten Endes als ein nationalstaatlich gesinnter Republikaner zu erkennen geben. Und damit stellt sich auch auf dieser semantischen Ebene die Frage, inwieweit die preußische Reform und die gegen Napoleon gerichteten Freiheitskriege in Deutschland an ein jakobinisches Staatsverständnis der frühen 90er Jahre in Paris anknüpften.

Sicher ist: Die deutsche Trikolore hätte auch andere Farben aufweisen können. Insofern sie sich auf revolutionäres Gedankengut berufen wollte, mußten es aber drei Farben sein. Schwarz und Gold und Rot als Nationalfarben waren zwischen 1792 und 1798 in der Schweiz im Gespräch. Die helvetische Fahne wird, wenn man ihr Dunkelgrün gegen Schwarz auswechselt, zur deutschen Fahne. Das mit Gold verzierte Rot-Schwarz-Rot der Jenaer Burschenschaft ist weniger der Vater als ein Gevatter der deutschen Fahne. Beim Zug auf das Hambacher Schloß erscheint sie auch schwarz-gold-rot, in Frankfurt findet sie 1848 als schwarz-rot-gold ihre endgültige Farbgebung. Nachher kam das Wilhelminische Reich mit seinem Schwarz-weiß-rot, es folgte die Weimarer Republik in der Frankfurter Tradition, es kam das Hakenkreuz, doch 100 Jahre nach Frankfurt sind Deutschlands Farben wieder schwarz-rot-gold. So wie der Begriff der Nation aus Frankreich kam, kommen letzten Endes alle trikoloren Nationalfarben, manchmal auf Umwegen, ebenfalls aus Frankreich.

Und die Europa-Fahne? Blauer Grund, wie einst das bourbonische Königreich. Sterne nach dem Vorbild Amerikas, nur sind sie golden, und es folgt ihre Anordnung einem völlig anderen Muster. Sie bilden einen Strahlenkranz. Für wen steht dieses Zeichen historisch-semantisch? Es ist die Jungfrau Maria. Nachzufragen wäre, welchen Glaubens die Männer waren, die dieses Zeichen beschlossen – und an welchem Datum sie das taten. Der 8. Dezember ist im Kalender als Mariä Empfängnis verzeichnet, das soll auch der Tag gewesen sein, an dem die Europafahne mit dem Strahlenkranz verabschiedet wurde. Ob die skandinavischen Völker, die anglikanischen Briten, die holländischen Calvinisten und die protestantischen Deutschen ahnen, unter welchem Zeichen sie zusammengeführt werden sollen?

6. Das Königreich Helvetien

Schon nach dem ergebnislosen Rastatter Gesandtenkongreß 1797/8 war es absehbar, daß deutsche Reichsfürsten auf linksrheinische Besitzungen zu Gunsten Frankreichs zu verzichten hätten und daß ihre Entschädigung nur durch eine Säkularisierung der geistlichen Herrschaften, durch eine Eingliederung von Reichsstädten in bestehende Landesherrschaften und durch eine Aufhebung der Reichsritterschaft möglich sein würde. Der Reichsdeputationshauptschluß von 1803 schuf die vollendeten Tatsachen, die dann 1806 zur Abdankung Franz II. als Kaiser des Römischen Reiches Deutscher Nation führten.

Der berühmte Satz Napoleons »La révolution est finie«, der mehr als einmal, aber deswegen nicht zuverlässiger überliefert ist, drückt eine Wahrheit aus, die den Zeitgenossen nicht verborgen blieb: Der Erste Konsul, der Konsul auf Lebenszeit und dann der Kaiser hielt nicht sehr viel von bürgerlich-repräsentativen, geschweige denn von demokratischen Republiken, sondern etablierte sich mit seiner ganzen Familie als eine neue und imperiale Aristokratie. Das von ihm geschaffene Amt eines schweizerischen Landammanns verstand er am liebsten als eine Art helvetischen Vizekönigtums, leider noch im jährlichen Turnus wechselnd. Von Napoleon aus hätte der Freiburger Schultheiß Ludwig August Philipp von Affry auch König der Schweiz werden können; eine andere Möglichkeit hätte darin bestanden, einen Günstling Napoleons mit der Herrschaft über die Grafschaft Neuenburg zu belehnen und ihm zugleich das Amt eines schweizerischen Landammanns auf Lebenszeit zu übertragen. Damit hätte man auf elegante Weise ein paar Probleme gleichzeitig erledigt: aus der Schweiz ein Königreich gemacht, einen Gefolgsmann belohnt, eine Erbfolge eingerichtet und einen Hauch von republikanischer Legitimation bestehen lassen. Aber Napoleon hatte andere und wichtigere Sorgen. Was die Schweiz anbelangte, so sollte sie politisch aufgehoben werden (»annuler la Suisse politiquement«), ihr dafür das denkbar größte häusliche Glück verschafft werden (»le plus grand bonheur domestique possible«). Die schweizerische Geschichtsschreibung, die aus den nicht einmal fünf Jahren der Helvetischen Republik eine Periode gnadenloser und oft schändlicher Abhängigkeit von Frankreich macht, geht über das noch unerbittlichere Vasallentum der zehn Jahre dauernden mediatisierten Schweiz von 1803 bis 1813 oft zu behende hinweg; sie pflegt diese Zeit der Abhängigkeit nur dadurch zu verzieren, daß sich das eigentliche politische Leben fast vollständig wieder in die Kantone zurückverlagerte und somit an alte Zeiten anknüpfte; die erneut eingeführte eidgenössische Tagsatzung war so uneffektiv und von fast barocker Umständlichkeit wie vor dem Ausbruch der Revolution.

Die domestizierte Schweiz – und das war sie, noch mehr als zur Zeit der vorausgegangenen Helvetik – ließ der Phantasie des Herrschers über Europa andere Räume offen. Einer der interessantesten war der süddeutsche Raum, wo vor dem im Osten und Süden stehenden Österreich die fürstlichen Häuser von Bayern, Württemberg und Baden sich zu entscheiden hatten, mit wem sie es zu halten gedachten, mit dem Kaiser in Wien oder dem Kaiser in Paris. Der zweite konnte etwas, wozu der erste nicht mehr in der Lage war: nämlich territoriale Zugeständnisse für die Verluste an linksrheinischen Besitztümern gewähren. Die etappenweise, sowohl politisch wie militärisch und schließlich auch matrimonial, also durch diplomatisch eingeleitete Eheschließungen, bewerkstelligte Abhängigkeit dieser drei Herrscherhäuser darf als eigentliches Kabinettstück napoleonischer Außenpolitik und ihres Hexenmeisters Talleyrand betrachtet werden. Die Markgrafschaft Baden war dabei das empfindlichste Gebilde. Sie war Frankeichs unmittelbarer Nachbar, ihre territoriale Ausbildung war auch nach dem Heimfall der badisch-badischen Gebiete 1771 an Baden-Durlach durchaus unbefriedigend, da die Ortenau ein der badisch-badischen Linie verliehenes Reichslehen war und die vorderösterreichischen Besitzungen im Breisgau, dazu die zahlreichen geistlichen Herrschaften, die Markgrafschaft wie die »unbereinigten Felder einer Ackerflur« erscheinen ließen. So energisch Markgraf Karl Friedrich Industrie, Gewerbe und Landwirtschaft gefördert hatte, so bescheiden war das wirtschaftliche Gewicht Badens, verglichen mit Württemberg oder

Bayern und sogar der Schweiz. Nach dem Basler Frieden von 1795 hatte der Markgraf notgedrungen und zaudernd, vom Reich im Stich gelassen, auch Frieden mit Frankreich geschlossen. Zum Schrecken der badischen Revolutionäre hatte Frankreich dabei die innere Ordnung der Herrschaft garantiert. Im Reichsdeputationshauptschluß von 1803 war er wiederum entschädigt worden, konnte sein Gebiet schon erheblich vergrößern und den Titel eines Kurfürsten annehmen. Aber noch waren die badischen Lande zerstückelt, die räumliche Tiefe von West nach Ost war, verglichen mit Bayern, viel zu gering. Und ein Teil des Breisgaus war immer noch österreichisch.

Hier setzte die napoleonische Diplomatie mit allen Mitteln an, um den badischen Thron mit dem kurfürstlichen Karl Friedrich, dem Markgrafen Ludwig und dem Kurprinzen Karl sowie ihren Gattinnen an Frankreich, und das hieß an den Kaiser selber, zu binden. Erbprinz Karl, der Enkel des Kurfürsten, sollte die Nichte der Kaiserin Joséphine, Stéphanie de Beauharnais, heiraten und tat es auch, nachdem Napoleon sie zu seiner Adoptivtochter erklärt hatte. Welcher Reichsfürst wollte schon eine Kaisertochter refüsieren? Napoleons ganzes Bemühen lief nun auf eine Abspaltung der drei süddeutschen Staaten von Österreich hinaus.

Den Anfang machten die Allianzverträge vom August, September und Oktober 1805 mit Bayern, Baden und Württemberg. Diese befanden sich damit in einem ähnlichen Zustand wie die 1803 durch Napoleon mediatisierte Schweiz, mit einem erheblichen Unterschied: In der Schweiz hatte die französische Intervention 1798 erst einen Einheitsstaat republikanischer Natur entstehen lassen, der dann in den Verfassungskämpfen von 1801 und 1802 seine Unbeständigkeit so manifest an den Tag gelegt hatte, daß der französische Mediator mit der Konsulta von 1803 eine Rückführung dieses Gebildes in einen Staatenbund, also einen Bündnisverband von selbständigen Kantonen, angeordnet hatte. Nur als Gesprächspartner und Befehlsempfänger hatte er einen schweizerischen Landammann verlangt – ein Amt und ein Titel, die im schweizerischen Selbstverständnis künstlich wirkten. Das Lob vieler und oft der gebildetsten Schweizer für die Mediationsverfassung ruhte in erster Linie darauf, daß nun die kantonalen Republiken politisch wieder das Sagen hatten, egal wie groß im Gesamtverband die Abhängigkeit von Frankreich war. Die Staatsumwälzung hatte zudem neue Kantone hervorgebracht, wirtschaftlich ging es wieder aufwärts. In Süddeutschland hingegen fehlte nach dem Mißerfolg der jakobinischen Pläne von 1796 und 1798 dieser republikanische Wille – sagen wir es deutlicher: diese Lust zum föderalistischen Partikularismus, besonders auch darum, weil der Markgraf von Baden seinen Herrschaftsbereich schon im Frieden von Lunéville 1801 erheblich hatte ausweiten können und weil der Reichsdeputationshauptschluß von 1803 den Leuten ja bewiesen hatte, daß sie im Schachspiel der Staaten-Neugründungen ganz beliebig verschiebbare

Größen geworden waren. Hier kam für Napoleon alles nur darauf an, welche Beziehungen er mit den landesfürstlichen Häusern herstellen konnte. Das war auch diplomatisch einfacher, als sich mit 19 kantonalen Regierungen herumzustreiten. Sein Ziel war die Einschnürung des mit Rußland verbündeten Österreich, Preußen hielt sich noch an die im Basler Frieden von 1795 auferlegte Neutralität.

Im September 1805 befanden sich die Franzosen in vollem Anmarsch, verstärkt durch 20 000 Bayern, 5000 Württemberger und 3000 Badener. Am 2. Dezember siegte Napoleon bei Austerlitz, in der Nacht vom 26. auf den 27. Dezember wurde der für Österreich verheerende Friede von Preßburg geschlossen. Alle drei süddeutschen Fürstentümer bekamen ihren Lohn in Form territorialer Erweiterungen, so Bayern Tirol und Vorarlberg, Baden die Ortenau und einen Großteil des Breisgaus, Konstanz und Mainau. Die Schweiz, die 1805 weder vom Kaiser in Wien noch vom Kaiser in Paris die Anerkennung ihrer Neutralität erhalten hatte, war als eine uninteressante und kaum regierbare republikanische Oase ringsum von monarchischen und mit Frankreich verbündeten oder von ihm annektierten Staaten umgeben!

Sollte das, was im europäischen Maßstab hervorragend funktionierte, nicht auch im Fall der Schweiz praktikabel sein: daß man nämlich einzelne Herrschaftsbereiche, um deren politische Identität zu zerstören, einfach umtopfte? Also etwa Tirol und Vorarlberg mit der Schweiz vereinigen, dafür Schaffhausen abtrennen, Basel zu Frankreich schlagen, den Tessin zu Italien, Konstanz wiederum in die Schweiz integrieren – übrigens hatte ja Preußen seine Herrschaftsrechte über Neuenburg schon an Frankreich abgetreten. Johann Georg Müller schrieb am 21. September 1805 seinem Bruder, dem Historiker Johannes von Müller, in Vorahnung der bedrohlichen Optionen: »Soll aus ganz Süd- und Westeuropa ein Reich werden, so können wir uns nicht halten.« Und am 28. November des gleichen Jahres: »Wir werden vielleicht in einiger Zeit nicht mit den Franzosen, aber mit dem Deutschen Reich vereinigt.«

Um dieses Reich, das dem alten nicht mehr geglichen hätte, ging es (noch) nicht, sondern vorerst um die Verdrängung Österreichs, die Vergrößerung der Südstaaten, ihre enge und »ewige« Allianz mit Frankreich. Der Rheinbund von 1806 zeichnete sich ab, und in den ersten Vertragsentwürfen vom November 1805 hätte die Schweiz eingeladen werden sollen, ihm beizutreten. Ein republikanischer Staatenbund bescheidenen Umfangs mit dem französischen Kaiser und den zu Königen erhobenen Herzogen in ein und derselben Allianz!

Die Ende 1805 geschlossenen Verträge machten aus Bayern und Württemberg Königreiche, aus dem Markgrafen einen Großherzog. War das eine absichtliche Zurücksetzung des badischen Hauses, und wenn ja, wer steckte dahinter? Die Untersuchungen von Gustav Steiner (Basler Zeitschrift für Geschichte und Alter-

Bild 7

Sigismund von Reitzenstein, bevollmächtigter Minister des Markgrafen von Baden.

Phot. Badisches Generallandesarchiv Karlsruhe

tumskunde, 1918) haben einen erstaunlichen Sachverhalt zutage gefördert: Nicht Napoleon, nicht Talleyrand, nicht Max Joseph von Bayern oder Friedrich von Württemberg und auch nicht die gelegentlich vermutete Bescheidenheit des Markgrafen Karl Friedrich von Baden verhinderten diese protokollarische Gleichstellung der drei Fürsten, sondern niemand anders als der gerade in dieser Zeit zur entscheidenden Hauptfigur heranwachsende badische Minister Sigismund von Reitzenstein! Und er tat es aus einem Kalkül, in dem nun plötzlich die Schweiz eine entscheidende, den damaligen Schweizern so gut wie unbekannte Rolle spielte.

Die Verhandlungen um den Rheinbund waren nach Paris verlegt worden; die Heirat Stéphanies de Beauharnais mit dem badischen Kronprinzen Karl Ludwig Friedrich war eine beschlossene Sache. Reitzenstein setzte sich dafür ein, daß der Prinz selber nach Paris kam, wo er von Napoleon zuerst wohl aufgenommen wurde. Der Wettbewerb von Bayern, Württemberg und Baden um Land und Leute wurde schärfer. Baden, das kleinste der drei, drohte überrundet zu werden. Der Kurprinz müsse fordern, die Beauharnais-Heirat sei sein Vorteil. Völlige Unterwerfung unter Frankreich sei nicht zu vermeiden. Er würde dafür Schwiegersohn des Kaisers! Hatte Napoleon nicht selber gesagt: »Ich erkenne nur die als Verwandte, die mir dienen«?

Reitzensteins territoriale Phantasie ging zuerst nach Norden, ein Baden mit Frankfurt, Darmstadt, dem rechtsrheinischen Kleve – warum nicht auch Bremen?

Gleichzeitig dachte er an die von Preußen aufgegebene Grafschaft Neuenburg im Jura. Der Kurprinz solle auch das Herzogtum Berg mit Düsseldorf verlangen. Dieses aber war schon Murat versprochen, also mußte Reitzenstein nach Ersatz suchen. In einer Denkschrift vom 12. März 1806 schlug er »les parcelles de la Suisse sur la droite du Rhin« vor. Das bedeutete Schaffhausen, Eglisau, Riehen, möglicherweise sogar das Kleinbasel. Das lag ja noch immer im Diözesanbereich des Bischofs von Konstanz. In Paris wurde im März 1806 offen davon gesprochen, daß man auch ganze Kantone wie Zürich, Schaffhausen und Basel zu Gunsten Badens von der Schweiz lostrennen könnte.

Nachdem der akkreditierte badische Gesandte in Paris, Dalberg, in Konkurrenz zu Reitzenstein als Kompensation für das badische Haus die Eingliederung der ganzen Schweiz vorgeschlagen hatte, zog Reitzenstein nach und sprach am 18. April 1806 erstmals von einem »Königreich Helvetien« und lieferte in einer sogar auf Pergament geschriebenen, für Napoleon bestimmten Fassung die ganze Begründung nach: Der badische Kurstaat erhalte als Königreich nur dann einen anständigen Platz, wenn er die entsprechende Ausdehnung und Bevölkerung bekomme, also »la totalité de la Suisse«. Vor sechs Jahrhunderten hätte die Schweiz schon den Vorfahren des Kurprinzen gehört – gemeint sind die Zähringer -, diese hätten sich dauernden Ruhm als die Städtegründer von Bern und Freiburg verschafft, hätten Moudon, Yverdon und Burgdorf vergrößert. Nach allem, was die Schweiz in den letzten zehn Jahren durchgemacht habe, könne sie nur Glück und Ruhe unter einer erblichen Regierung finden, denn dann wäre sie – jetzt sind wieder die übergeordneten Interessen Napoleons angesprochen – auch dem englischen Einfluß entzogen.

Welches waren die Chancen dieses Vorhabens? Von heute aus gesehen, gewiß null. Aber wir sind in der phantastischen Epoche, einer Art von fast wahnsinnigem Zwischenspiel, wo nach dem Aufreißen des feudalen Wurzelgrundes für Dynastien Staaten nicht mehr als Genealogien ihrer Herrscher, sondern als Quadratmeilen mit Einwohnern darauf und als Haushaltsgrößen (»Frankfurt ist leider allzu verschuldet«) mit Bargeldreserven (etwa dem Berner Staatsschatz) begriffen wurden. Und hatte nicht Napoleons Zuwendung zu einer neuen Aristokratie, seinem eigenen Verdienstadel, bewiesen, daß mit demokratisch durch Urversammlungen à la Condorcet gewählten Repräsentanten keine weder militärisch noch wirtschaftlich, weder diplomatisch noch geistig bedeutsamen Staaten geschaffen werden konnten? Höfische Kabinette und ergebene Notabeln, wie sie die vorrevolutionäre Zeit gekannt hatte, waren da allemal besser, und wo ein Adelstitel fehlte, ließ sich ja einer erfinden. In einem solchen Denken, das eher ein hektisches Disponieren war, stellte die politisch parzellierte Schweiz einen unbequemen Anachronismus dar. Einen Versuch zur Vereinheitlichung hatte sie als Helvetische Republik hinter sich, zwar auf Napoleons Wunsch, aber mit negativem Ausgang; jetzt sollte er selber, Napoleon, wieder darüber befinden, ob man diese Übung unter monarchischen Vorzeichen noch einmal versuchen könnte.

Von Reitzenstein sind im April 1806 verschiedene Formulierungen bekannt. In seinen »Réflexions« schreibt er, die Schweiz sollte zum Kurfürstentum (gemeint ist Baden) geschlagen werden. In einer Depesche an Edelsheim steht zu lesen, er hätte seine Augen auf die Schweiz geworfen und sie unter dem Titel eines Königreichs Helvetien verlangt. Talleyrand meinte: nein, die ganze Schweiz, das sei zuviel, sei unmöglich. Der Erbprinz selber, auserwählter Schwiegersohn des Kaisers, wollte sich die Pläne Reitzensteins für die Schweiz nicht recht zu eigen machen; Napoleon fand zunehmend weniger Gefallen an diesem jungen Fürsten und sagte von ihm, er sei »indécrottable«, also nicht anständig herauszuputzen. Reitzenstein konnte sich nur an Stéphanie selber halten, die Landkarten zu studieren begonnen hatte. Sie wollte Konstanz für Baden, das schöne Schloß Meersburg, in dem sich prächtig festen ließ, sie hatte ihr Auge auch auf Basel und »diesen Teil der Schweiz« geworfen. Sie zählte knapp 17 Jahre, aber der Kaiser mochte sie, flirtete sogar mit ihr, und Stéphanie versicherte Reitzenstein immer wieder, daß ihr Adoptivvater Großes mit Baden vorhabe.

Die Entscheidung, die keine war, fiel in der Unterredung Reitzensteins mit Napoleon vom 25. April 1806. Es ging um die Aufteilung sämtlicher Territorien

Bild 8

Stéphanie von Baden, geborene Beauharnais.
Sie gilt noch immer als die Mutter des Kaspar Hauser, der nicht ins dynastische Kalkül des badischen Hauses paßte.
Phot. Bildersammlung Universitätsbibliothek Basel

unter die fürstlichen Häuser Süddeutschlands. Reitzensteins Politik zielte dahin, Bayern, Württemberg und Baden auf Kosten der Reichslande und Reichslehen zuerst einmal annähernd gleichgewichtig werden zu lassen. Die Erweiterung Badens in die Schweiz hinein sollte der am Schluß ins Spiel geschmuggelte Joker werden. Napoleons lächelndes Wort, er wisse wohl, daß einst die Schweiz den Vorfahren des badischen Hauses angehört habe, schien Reitzenstein zu ermuntern. Historisch war es freilich unhaltbar, da die Zähringer über schweizerisches Gebiet nur im Sinn eines Reichslehens, nicht aus eigener Gebietshoheit geherrscht hatten. Mehr als freundliche Andeutungen von seiten Napoleons und Talleyrands erlangte Reitzenstein nicht; das Hauptgeschäft blieb die Aufteilung Schwabens unter die drei Kronen, damit die endgültige Auflösung des Reiches. Mehr wie ein Störfeuer mußte ein ganz anderes Gerücht im Sommer 1806 wirken, daß nämlich die Schweiz, wiederum als Königreich etabliert, dem Fürsten Camillo Filippo Ludovico Borghese zufallen solle, der Napoleons zweite Schwester Pauline geheiratet hatte.

Am 12. Juli 1806 war der Vertrag, mit dem sich die drei süddeutschen Herrschaftshäuser sowie weitere zwölf Reichsfürsten vom Reich lossagten und unter Napoleons Protektorat in ein ständiges Bundesverhältnis zu Frankreich traten, unterschriftsfertig – der sogenannte Rheinbund war geboren. Bayern und Württemberg sahen sich zu Königreichen befördert, Baden nur zu einem Großherzogtum »mit Rechten und Ehren königlicher Würde«.

War das eine absichtlich herabstufende Mißachtung von seiten Napoleons, ein Streich Talleyrands, ein Intrigen-Erfolg der Höfe von Stuttgart und München, ein treuherziger Verzicht des im Herzen dem Reichsoberhaupt ergebenen Markgrafen Karl Friedrich? (Dieser verlor, da das Reich zu existieren aufhörte, auch die soeben erworbene Kurwürde.) Die Nachforschungen von Gustav Steiner haben schon 1918 nachgewiesen, daß der im Ansehen reduzierte Titel eines Großherzogs von Reitzenstein selber gewollt war, und zwar nur vorläufig. Denn König sollte ein badischer Fürst erst dann werden, wenn sein Gebiet stattlich genug geworden wäre, auf deutsch: wenn er auch die Schweiz hätte annektieren können. Oder in den Worten Reitzensteins: »Diese Erhöhung (der Prinzessin Stéphanie zur Königin) setzt beträchtliche Vergrößerungen voraus, damit die neue königliche Würde nicht ein bloßes Wortspiel bleibt.« Oder: »Wenn der Kaiser will, daß seine Tochter Königin sei, muß er ihr ein Königreich geben.« Der Königstitel sei so lange abzulehnen, bis der Großherzog in die Lage versetzt sei, nicht den Titel eines Königs von Baden, sondern von Helvetien oder Alemannien zu nehmen. Beharrlich versuchte Reitzenstein, diesen vorläufigen Titelverzicht als Hebel zum Anschluß mindestens der deutschen Schweiz an Baden zu benutzen.

Wie schon gesagt, blieben diese Bestrebungen der damaligen Öffentlichkeit sowohl in Süddeutschland wie in der Schweiz verborgen. Einer aber sah sie deutlicher, ausgerüstet mit staatsmännischer Erfahrung und im erhöhten Beobachtungsposten Paris niedergelassen: Philipp Albert Stapfer, der frühere helvetische Minister. Ihm wurde klar, daß der Schweiz Annexionen drohten, mehrfache möglicherweise. Napoleon eile der Erneuerung des abendländischen Kaisertums zu, die Schweiz dürfe dann, in einer Art von Administrativ-Unabhängigkeit, wie eine Oase im neurömischen Monarchenstaat vegetieren, »teils der Ökonomie an Geld und Leuten, teils des philanthropischen Prunks wegen«. Aber er war – im Unterschied zum schweizerischen Gesandten Antoine Constantin Maillardoz (nach Stapfer ein bornierter, unbedeutender Mensch) – auch ziemlich sicher, daß Napoleon selber den Plan einer Vereinigung mit Baden nicht wünschte, weil die Schweiz keine kostspielige Regierung vertrüge und dem unruhigen Geist der Gebirgsvölker nur mit beträchtlichen und lästigen Garnisonen beizukommen wäre. Stapfer notierte, daß »die Kostspieligkeit des schon geschenkten und noch zu schenkenden Königstitels und die Notwendigkeit einer Vergrößerung auf unsere Unkosten« einstweilen abgewiesen worden seien. Beruhigend war für Stapfer auch, daß der hochbetagte Großherzog Karl Friedrich, dem die geheimen Plänen Reitzensteins vermutlich nicht zu Ohren und noch weniger vor die Augen gekommen waren, einen solchen Affront seiner südlichen Nachbarn nie und nimmer begangen hätte. Nach der Heirat seines Enkels mit Stéphanie ließ er den schweizerischen Kantonen offiziell bestätigen, daß er ihre Besitztümer und Rechte respektiere, verlangte freilich Gegenrecht. Politisch vielversprechend schien es den wenigen Schweizern, die diese Pläne überhaupt geahnt hatten, jetzt alles dafür zu tun, daß die öffentlichen Kassen niemandes Habgier erregen konnten. Johannes von Müllers Rat lautete: »Hütet euch, irgend etwas zusammen zu sparen; laßt Brücken, Chausseen, Institute, alles errichten, um nur den Verdacht zu vermeiden, daß im Schatz eines Pfennigs Wert vorrätig sei.« Er schrieb auch: »Überhaupt hoffe ich viel von eurer Armut.«

Am 9. August 1806 endlich äußerte sich Napoleon verbindlich, nämlich vor zahlreichen Senatoren und Staatsräten, über das Schicksal der Schweiz. »Versichern Sie Ihre Freunde, daß am politischen Zustand der Schweiz nichts geändert werden wird.« Nur noch wie ein Nachklang zu den Bemühungen Reitzensteins sind die Absichten des bevollmächtigten Ministers Dalberg, der an die Stelle Reitzensteins getreten war, zu verstehen. Dalberg versuchte nicht so sehr die Annexion der Schweiz bei Napoleon beliebt zu machen, als daß er ihm die Übertragung des Landammann-Titels der Schweiz auf den badischen Großherzog suggerieren wollte. In einer Denkschrift Dalbergs vom August 1807 ist auch davon zu lesen, mit welchen Tricks man die Schweizer bei guter Laune halten könnte: man müßte einfach das Trugbild von republikanischen Formen, an denen das helvetische Volk besonders hänge, bestehen lassen. Napoleon war anderer Meinung, auch Marschall Berthier, der jetzt Neuenburg übernommen hatte, wollte keine gesamtschweizerischen Ambitionen mehr entwickeln. Indem der Kaiser 1809 schließlich protokollarisch den Titel eines »Médiateur de la Suisse« übernahm, war die Zeit der Verunsicherung vorbei. Vom Königreich Helvetien oder Alemannien war nicht mehr die Rede.

7. Die Lektion von Wien

Das Jahrhundert vor der Französischen Revolution sah in der Schweiz der XIII Orte ein zwar durchaus unabhängiges Staatsgebilde, aber auch, der Schweizerregimenter in königlichen französischen Diensten wegen, eine mit Frankreich verbündete kleine, militärisch jedoch bedeutende Macht. Das feierlich erneuerte Soldbündnis mit Frankreich von 1777 bestätigte das. Der Oberkommandierende der Regimenter in Paris spielte, wie bei Baron Peter Viktor von Besenval nachzulesen, eine gewichtige Rolle am Hof von Versailles; daß er als Vertrauter der Königin Marie Antoinette gelten konnte und Fäden im Hintergrund zog, erstaunte niemand. Wenn also die Schweiz unter der napoleonischen Herrschaft von 1798 bis 1813 ein eigentlicher Vasallenstaat und Truppenlieferant Frankreichs geworden war, bedeutete das auch eine Kontinuität unter anderen Vorzeichen.

War die einstige Zugehörigkeit der Schweiz zum Deutschen Reich völlig vergessen? War die machtpolitische Abkehr der Schweiz vom Reich mit dem Frieden von Basel 1499 (zwischen der Eidgenossenschaft und den österreichischen Erzherzogen), war die staatsrechtlich sanktionierte Unabhängigkeit der Eidgenossenschaft vom Reich in den Westfälischen Friedensschlüssen vom Jahr 1648 auch in deutschen Köpfen endgültig geworden, die Erinnerung an die Reichszugehörigkeit der Schweiz völlig verblaßt? Hatte der Basler, der 1798 mit Hammer und Meißel sämtliche noch sichtbaren Reichsadler weggeputzt hatte, sein Ziel erreicht? Oder anders gefragt: Wo blieb eigentlich, als sich Europa den Aufstand gegen die Tyrannei Napoleons vornahm, der Beitrag der offiziell freiheitsliebenden und sich auf ihre jahrhundertealte Freiheit berufenden Schweizer im Jahr 1813? Warum schlossen sie sich nicht – wie etwa die Tiroler und zum Schluß noch die Badener – dem Kampf gegen Napoleon an, sondern lamentierten, als Ende 1813 der russische Zar, der österreichische Kaiser und der preußische König Basel als ihr Hauptquartier wählten, von dem aus der letzte Feldzug gegen Napoleon organisiert werden sollte? Es sei eine flagrante Neutralitätsverletzung – dabei waren im Jahr zuvor mehrere tausend Schweizer im Dienst Napoleons an der Beresina gefallen!

Die Heilige Allianz, dieser ideologische Überbau für die alliierte Koalition der Monarchen nach dem Diktat der von Metternich gar nicht geschätzten Frau von Krüdener, war auch ein geistiges Kind der aufsteigenden Romantik, dieses gotischen Schnupfens, wie die redlichen Aufklärer aus der Mitte des 18. Jahrhunderts sagten. Die Idee des Heiligen Römischen Reiches Deutscher Nation, so kläglich es im Reichsdeputationshauptschluß von 1803 untergegangen war und aus dem deutschen Kaiser Franz II. den österreichischen Kaiser Franz I. gemacht hatte, war als ferne Begleitmusik in den Sälen und Kabinetten des Wiener Kongresses von

1814 zu hören. Meinte sie nicht auch, daß diese Schweiz, in der der Rhein entsprang, die übrigens 1648 nur dank französischer Unterstützung die Exemtion vom Reich erlangt hatte, geschichtlich und nach der Sprache der Mehrheit zu diesem alten Reichsverband gehörte? Wenn die Schweizer das nicht selber merkten, mußte man es ihnen sagen; wenn sie an den deutschen Freiheitskriegen nicht teilnehmen wollten, hätte man es ihnen befehlen müssen. »Wie eingeengt, wie erbärmlich ist der Sinn der neuen Helvetier! Sind das die Sieger bei Murten und Sempach? ... Jeder sieht nur seine sieben Kartoffeln, seinen Distrikt, seinen Herd, seine Familieninteressen allein und zankt sich darum mit den andern. Ist dies nicht das wahre Krähwinkel unter den Staaten?« Das schrieb der preußische General Knesebeck am 28. September 1814 in einer für den Freiherrn vom Stein bestimmten Denkschrift, um zu beweisen, daß die Schweiz wieder in »deutscher Gesamtheit« aufgehen müsse.

Nach Wilhelm Oechsli (Geschichte der Schweiz im Neunzehnten Jahrhundert) war es Professor Oken in Jena, der den Schweizern wegen ihrer faulen Neutralität im Befreiungskrieg jegliche staatliche Legitimation absprach. »Statt für Europas Befreiung gleich den andern Mächten alles aufzubieten, tobten sie als halsstarrige Despötlein gegeneinander, und es ist wahrlich nicht ihr Charakter, sondern bloß die Furcht vor den drei Errettern, daß sie sich noch nicht zerfleischen.« Man habe ein Recht, »die abtrünnig gewordene und darum ausgeartete Provinz von Teutschland wieder an sich zu ziehen«. Im Rheinischen Merkur vom 17. Juni 1814 erklärte Görres, daß die Schweizer in den deutschen Staatenbund der Fürsten gezogen werden sollten, Schweizer Regimenter dürften nur noch in der Reichsarmee dienen. Der englisch-hannoversche Minister Graf Münster hatte schon 1813 für Deutschlands künftige Gestaltung den Einbezug Hollands und der Schweiz als zweier Bastionen für wünschenswert erklärt, sie sollten dann auch politisch ins »Direktorium« (noch immer diese napoleonische Sprache!) des künftigen deutschen Bundes zugelassen werden. Die preußischen Generäle sahen es militärisch, die Niederlande und die Schweiz müßten als die »beiden großen Flügel der Hauptmasse« gelten. (Die Mitte sollte dann gegen Frankreich gerichtet sein.) Wilhelm von Humboldt, Vertreter Preußens am Wiener Kongreß, der verfassungsrechtlich einen förmlichen Eintritt Hollands und der Schweiz in den Deutschen Bund für untunlich hielt, dachte eher an eine Allianz, übrigens ganz nach dem Muster Napoleons: also Schweizer Truppen in deutschem Sold, Verbot für Schweizer, als Söldner in französischen Diensten zu stehen, bewaffnete Neutralität als kalkulierbare Flankendeckung.

Das waren nicht nur Gedankenspiele ausländischer Diplomaten, in der Schweiz selber dachte man ähnlich. Es ergab sich wieder eine Polarisierung: Die alten Patrizier nach dem Berner, Solothurner oder Freiburger Muster suchten Anlehnung bei den restaurierten Bourbonen, die ehemalig helvetischen Republikaner schauten diesmal nach Deutschland. Paul Usteri, Brieffreund des Peter Ochs, verfaßte eine Broschüre »Ueber die Verhältnisse der Schweiz«, die Humboldt in Paris mit dem früheren helvetischen Minister Philipp Albert Stapfer diskutierte. Vom 2. August 1814 datiert Humboldts Denkschrift, nach der die Schweiz sich bei der gänzlich veränderten Lage in Europa entschließen müsse, sich entweder auf die Seite Frankreichs oder Deutschlands zu schlagen, aber da – ich zitiere Oechsli – sprächen die Nationalität ihrer Bewohner, der föderative Charakter ihrer Verfassungen und der wohlberechnete Vorteil beider Länder gleich sehr für Deutschland. »Auch ein loseres Bündnis hätte schon immer den Vorteil, einem der Schweiz mit Frankreich zuvorzukommen, und bahnte den Weg zu künftigem engerm Verein.«

Der preußische Staatskanzler Hardenberg, der Gesprächspartner des Peter Ochs zur Zeit des Basler Friedens von 1795, entwarf um dieselbe Zeit nach Besprechungen mit dem Freiherrn vom Stein eine deutsche Bundesverfassung, deren vorletzter Abschnitt lautete: »Die vereinigten Niederlande und womöglich die Schweiz sind zu einem beständigen Bündnis mit dem deutschen Bunde einzuladen.« In Wien machte sich Humboldt stark für ein ewiges Bündnis Deutschlands mit der Schweiz, das er »in höchstem Grade erwünschenswert« bezeichnete. Metternich konnte das nicht gefallen, das jetzt kaiserliche Österreich beanspruchte seine eigene Einfluß-Sphäre, und die französische Diplomatie kam ihm insofern zu Hilfe, als sie dann das Prinzip der völligen Unabhängigkeit der Schweiz und deren Neutralität proklamieren und damit nicht nur die französische Partei, sondern alle Schweizer um sich versammeln würde. Das wirkte, Talleyrand konnte am 30. November 1814 an Louis XVIII. schreiben: »Quelques-uns avaient formé le projet d'unir dans une même ligne la Suisse et l'Allemagne. C'est encore une idée abandonnée.«

Die Schweiz selber, das heißt ihre offiziellen Vertreter Reinhard, Wieland und Montenach, innerlich zerstritten und von einer großen Zahl kantonaler und zum Teil sogar privater Delegierter umschwirrt, brachten kein diplomatisches Gewicht auf die Waage der Verhandlungen des Wiener Kongresses. Einer, der sich persönlich im eigenen Auftrag aufgemacht und über Karl August Varnhagen von Ense den Zugang zu Wilhelm Humboldt gefunden hatte, der Luzerner Ignaz Paul Vital Troxler, formulierte den Sachverhalt in einer Denkschrift von 1814 so: »In Rücksicht der Außenverhältnisse erwartet die Schweiz in gesetzter Ruhe vertrauensvoll die Beschlüsse und Maßnahmen der hohen Verbündeten, deren Siege das Volk als die seiner eigenen Unabhängigkeit ansah«. Angesichts der aufflammenden Kämpfe zwischen den restaurativ gesinnten alten Orten und den neuen Kantonen, den gegenseitigen Gebietsansprüchen und den widerstreitenden Wünschen, zum Zustand von 1798 zurückzukehren oder die

Basis der napoleonischen Mediationsverfassung zu bewahren, war eine Beschwörung dieses Vertrauens »in gesetzter Ruhe« fast verwegen, da doch Troxler selber um ein Machtwort dieser hohen Verbündeten in den inneren Angelegenheiten der Schweiz bettelte: »Diese sollen uns nun in der Verworrenheit unseres Zustandes verlassen, und der geschehenen Übervorteilung und Unterjochung preisgeben, weil es sich nicht gezieme, daß sie sich in sogenannte fremde Angelegenheiten mischen!« Einstmals mit Frankeich verbündete Staaten wie sogar Baden hatte man den Übertritt zur Koalition gegen Napoleon mehr als gern gestattet, warum nicht der Schweiz? »Trug man doch andern auch kleinen Staaten, die seit zehn Jahren, da die Schweiz ruhte (gemeint ist die Mediationszeit von 1803–1813), sich sehr thätig im Kriege gegen Osterreich, Preußen und Rußland (also auf napoleonischer Seite) bewiesen hatten, Bündnisse an, und ließ sie endlich auch die Früchte des Sieges genießen in unabhängiger Selbständigkeit? Warum wurden einzig und allein den damaligen Schweizer-Regierungen keine Anträge der Art gemacht ...?«

Von heute aus gesehen rhetorische Fragen, da die mediatisierte Schweiz und ihr Landammann noch 1813 die Kantone unter Druck gesetzt hatten, für Napoleon neue Truppen auszuheben, da die Eidgenossenschaft insgesamt politisch nicht handlungsfähig war, weil jeder Kanton das internationale Kräfteverhältnis anders und zu seinen Gunsten interpretieren wollte und im übrigen die verbissenen Verfassungskämpfe in den

Kantonen den Blick auf gesamteuropäische Entwicklungen verstellten. Dazu kam, daß die großen Mächte Österreich, Rußland, Preußen, England und das jetzt wieder bourbonische Frankreich sich durchaus einmischten, aber vor allem auf der kantonalen Ebene. Metternich ermunterte Bern zur Rückkehr zu den Zuständen vor 1798, Capo d'Istria hielt im Auftrag Alexanders seine schützende Hand über die neuen Kantone Waadt und Aargau.

Die Gemengelage der XIII alten Orte oder 19 und (mit Wallis, Neuenburg und Genf) demnächst 22 kantonalen Republiken in einem rundum monarchisch auferstandenen Europa konnte vernünftigerweise nur stillgelegt und sich selber überlassen werden. Von daher datiert der Verzicht der Schweiz auf eine aktive Außenpolitik, den es mit der Garantie der Mächte für den territorialen Bestand und die ewige Neutralität jetzt zu verinnerlichen galt. Daß die Schweiz damals und seither in kein überstaatliches Bündnis einbezogen wurde, weder in ein französisch noch deutsch orientiertes, auch keinem Zollverein beizutreten gedachte, verdankt sie auf der einen Seite ihrer Verhandlungsunfähigkeit am Wiener Kongreß, auf der andern Seite den zwei helvetischen Patrioten, die ins Ohr des Zaren Alexander flüstern konnten, nämlich den Waadtländern Frédéric César Laharpe und Antoine-Henri Jomini, beide erstaunlicherweise mit einem russischen Generalsrang ausgezeichnet, Jomini freilich erst seit kurzem, da er ein Jahr zuvor noch die napoleonische Uniform getragen hatte. Ohne den auf seine Generäle hörenden Alexander hätte sich die Schweiz vermutlich dem Sog einer fürstlichen »Bundesrepublik« kaum entziehen können, in der schon 1819 mit den Karlsbader Beschlüssen Metternich die Musik machte.

Es hätte auch 1814/5 ganz anders kommen können. Eine aktive Schweizer Außenpolitik aber muß bald zwei Jahrhunderte später immer noch erfunden werden. Und wenn die Schweiz von heute der UNO nicht beigetreten ist, sich eine Mitgliedschaft in der Nato nicht einmal vorstellen kann, in einer Volksabstimmung den Europäischen Wirtschaftsraum als Vorzimmer zur Europäischen Union gemieden hat, dagegen den Alpentransit erschweren möchte, so spielt nicht nur die Erfahrung mit, daß die 1815 garantierte Unabhängigkeit und Neutralität sowie der Verzicht auf eine eigene Außenpolitik zum Wohl des Landes beigetragen haben. In einer verborgenen Ecke des politischen Bewußtseins der Schweizerinnen und Schweizer steckt ein Rest der historisch bestätigten Gewißheit, daß die großen Mächte jederzeit diesem Staatsgebilde aus drei Kulturkreisen wohlgesonnen bleiben und so über es verfügen werden, wie es auch ihnen zum Vorteil anschlägt. Das war, das ist die Lektion von Wien.

8. Ein Deutscher erfindet die Schweiz

Nimmt man die 50 Jahre von 1798 bis 1848 nicht nur als die Zeitspanne, in der die damalige Schweiz aus den hastig zugeschnittenen Brettern der Helvetischen Republik das schmucke und zweckdienliche Möbel des liberalen Bundesstaates schreinerte, sondern versteht man sie auch als eine Generations- und Lebensspanne, so müßte eine Person zu finden sein, die diesen Zeitraum biografisch verkörpert. Sie sollte ca. 1770 geboren sein, um die Staatsumwälzung von 1798 schon als erwachsener Mensch zu erleben; sie dürfte nicht vor 1848 gestorben sein. Ideal wäre ein Mann, der unter den verschiedenen Regierungsformen verschiedene Ämter innegehabt hätte, ohne sich zu kompromittieren; er müßte mit den politischen und geistigen Größen seiner Zeit in Verbindung gestanden haben, und ein Glücksfall wäre es, wenn er als Autor und Briefschreiber umfangreiche Aufzeichnungen hinterlassen hätte.

Es gibt ihn. Sein Name: Heinrich (genauer Johann Heinrich Daniel) Zschokke. Seine Lebensdaten: 1771 im preußischen Magdeburg geboren, 1848 im schweizerischen Aarau gestorben. In die Schweiz kam dieser Tuchmacherssohn 1795 nach einer kurzen Theaterkarriere mit Doktortitel und im Rang eines Privatdozenten, zuerst wurde er pädagogischer Institutsleiter im

Bild 9

Eine der frühsten Darstellungen von Heinrich Zschokke,
vermutlich noch vor dem Jahr des 1815 erneuerten Bundes.
Phot. Bildersammlung Universitätsbibliothek Basel

graubündnerischen Reichenau, wo ihm die Frankreich zuneigende Regierung zuerst das Bürgerrecht schenkte, dann eine Österreich zuneigende Regierung es wieder aufhob und sogar eine Kopfprämie für seine Gefangennahme aussetzte. Er flüchtete 1798 nach Aarau in die soeben konstituierte Helvetische Republik, wo ihn der Minister der Wissenschaften und der schönen Künste, Philipp Albert Stapfer, zum Leiter eines Bureaus für Nationalkultur (eigentlich ein Propagandaministerium – auch wenn der Name weh tut) berief. Kurz danach wurde er helvetischer Regierungsstatthalter in der Innerschweiz, wo er im von den Franzosen heimgesuchten Nidwalden mit Pestalozzi zusammenarbeitete, später im Tessin und in Basel. Im Herbst 1801 bat er in der sich schon auflösenden Helvetischen Republik um seine Entlassung, bezog als Privatmann das im Staatsbesitz befindliche Schloß Biberstein bei Aarau. Er wurde 1804 – die Schweiz war soeben wieder von der Einheitsrepublik zu einem von Napoleon kontrollierten Staatenbund geworden – Bürger der Gemeinde Ueken, zugleich ernannte ihn der Kleine Rat, also die Regierung, des neuen Kantons Aargau zum Leiter des gesamten Forst- und Bergwesens. Zschokke hatte sich den Rock eines Neubürgers definitiv angezogen, fühlte und handelte von nun an als Schweizer.

Betrachtet man sein Portrait, erscheint ein gedrungener, kräftig schöner, energiegeladener Mann, ganz offensichtlich ein Kontakttalent, der sich selber viel zutraute. Warum wollte er überhaupt in die

Schweiz? Vielleicht war es ein Bubentraum, angeregt von einem Stich mit Bergen und Gletschern; vielleicht folgte er einer Reisemode, der auch Goethe anhing; vielleicht wollte er wirklich diese »Felsenburg der Freiheit«, das »Land meiner kindlichen Vorliebe« einmal gesehen und erlebt haben. Der erste Kontakt brachte eine große Ernüchterung: Die Freiheit schien den Schweizern (über 1,2 Millionen Untertanen!) weniger zugemessen als den Untertanen deutscher Fürsten, das soziale Elend war riesig, die Trunksucht weit verbreitet. Es herrschten »bodenloser Aberglaube aus Unwissenheit, gedankenloses Christentum aus Gewohnheit, rohes Treiben aus Herkommen und, selbst neben Wohlstand, Schmutz und Ärmlichkeit aus träger Unbeholfenheit«. Dem stand ein ganz anderes Erlebnis entgegen – vielleicht dasjenige, das Zschokkes Absicht, endgültig Schweizer zu werden, bestärkte. In seiner »Selbstschau« schildert er, wie er schon 1795 in einen Zürcher Freundeskreis mit Heinrich Pestalozzi, Paul Usteri (nachmals Sekretär in der Helvetischen Republik), Hans Georg Nägeli (einem Komponisten), Johann Jakob Hottinger (einem akademischen Lehrer), Leonhard Meister (einem Publizisten) geriet. »Hier herrschte anderer Geist und Ton als jener, den ich bisher, unter Schriftstellern und Professoren in Deutschland, gefunden ... Hier lebte der Mann von Wissenschaft nicht bloß als Büchermann, dem man, wie einem Müller, sein Gewerbe ansieht. Er war zugleich Bürger; Theilhaber, nicht bloß zuschauender Theilnehmer, an den Angelegenheiten des Staats; thätiges Glied der öffentlichen Versammlungen, selbst einer oder mehrerer Landesbehörden; vielseitig gebildet und geschäftsgewandt; nicht höher, nicht tiefer stehend als jeder andre Bürger.«

In einem solchen Kreis fühlte sich Zschokke sofort zu Hause, unter und mit solchen Leuten wollte er wirken. Das war für ihn erlebte republikanische Wirklichkeit, die sich mit der höfischen Gesellschaftsstruktur und dem landesfürstlichen Beamtentum in Deutschland nicht vergleichen ließ. Nun aber geriet er, vor allem dank seiner Berufung durch Stapfer, in die von der Waadt und von Basel ausgehende Staatsumwälzung der Helvetik. »Die Schweiz stand da, ein verdorrtes politisches Gewächs des Mittelalters, ohne nationale Einheit, ohne gemeinsames Haupt, ohne festen Verband ihrer einzelnen kleinen Staaten, ohne Eintracht der Regierungen mit den Regierten.« Es ist der schon über 70 Jahre alte Zschokke, der das so in seiner »Selbstschau« niederschreibt. »Eine in Paris geschaffene Staatsverfassung, mit gänzlicher Unkunde des Landes entworfen, dann mit blutiger Gewalt eingeführt, sollte Völkerschaften mit einander verschmelzen, die sich nur dem Namen nach bekannt, nicht geschichtliche Erinnerungen und Sitten, nicht Geistesbildung und bürgerliches Bedürfnis gemein hatten. Verlustig des gewohnten Alten, unkundig des Neuen, trieben sie nun ängstlich und wild unter Trümmern früherer Einrichtungen umher.«

Darin steckte so etwas wie ein Programm. Dieses ging dahin, der Schweiz insgesamt all diese Dinge zu vermitteln, die ihr 1798 offensichtlich fehlten. Es war eine geistige, politische Zielsetzung. Aus Aufzeichnungen von 1799 geführten Gesprächen mit Aloys Reding wissen wir von der Überzeugung Zschokkes, »daß die Schweiz zur Sicherung ihrer dauerhaften Ruhe im Innern sowie der Ruhe ihrer Nachbarn einer weiser berechneten Bundesregierung bedürfe; weder einer naturwidrigen Einheitsschöpfung, wie die an der Spitze französischer Bajonette gebrachte, noch einer wie die im Mittelalter durch Zufälle zusammengebackene gewesen war«. Ein neues Endziel wird sichtbar: »Reding und ich waren überzeugt, daß freie Selbstverwaltung der Kantone, unter einer starken, alle Theile zu einem Ganzen verbindenden Centralgewalt, allein das Glück der Zukunft begründen könne.«

Die fast 50 Jahre des Wirkens von Heinrich Zschokke als Schweizer Bürger bis zum Jahr, da die Bundesverfassung die von ihm herbeigesehnte föderalistische Einheit mit einer starken Zentralgewalt Wirklichkeit werden sollte, zeigen ihn an der fast beängstigend disziplinierten Erfüllung seines Programms. (Aufstehen um vier Uhr, gegen halb fünf zwei Gläser Wasser, später ein Kaffee – und das Tag für Tag.) Wie er es umsetzte, läßt ihn als eine Ausnahmefigur unter seinen Zeitgenossen erscheinen, nach der Vielfalt seiner Arbeiten so gut wie nach ihrem Umfang.

Er war zum einen Beamter des Staates, zuerst der

Helvetischen Republik, wo er Ordnung in der militärisch verwüsteten Innerschweiz schaffen mußte, ein Krisenmanager, dem auch die offiziellen Verbindungen zum französischen Militär oblagen. Er hatte im Tessin den drohenden Bürgerkrieg zwischen eidgenössisch Altgesinnten, revolutionären Patrioten und Anhängern der Vereinigung mit Italien zu verhindern. In Basel überwachte er als Regierungsstatthalter die Tätigkeit der Verwaltung und lernte damals wohl den Verleger und Buchhändler Heinrich Remigius Sauerländer, einen Mitarbeiter des Flickschen Druck- und Verlagsunternehmens, kennen, einen ebenfalls in die Schweiz übergesiedelten Frankfurter, fünf Jahre jünger als Zschokke. Er muß sich eng mit ihm befreundet haben, ermunterte ihn, nach Aarau zu kommen, wo Sauerländer zuerst als Associé von Flick, ab 1807 selbständig wirtschaftete und mit der unermüdlichen Hilfe und Ermunterung Zschokkes das für die damalige Schweiz wegweisende Verlagshaus Sauerländer (samt Druckerei und Papierfabrik) gründete. Ein Autor hatte seinen Hausverleger, ein Verleger hatte seinen Hausautor gefunden. In Basel sah Zschokke auch an einem Fenster seine zukünftige Frau, die erheblich jüngere Pfarrerstochter Nanny Nüsperli, mit der er nach der Heirat 1805 nicht weniger als zwölf Söhne und eine Tochter haben sollte. (Wohl alle Träger des Familiennamens Zschokke in der heutigen Schweiz sind Nachkommen dieses Paares.) Im Jahr vor seiner Heirat trat er als Leiter des Forst- und Bergamtes in den Dienst seines neuen Heimatkantons Aargau und gab schon 1804 und 1806 zwei Fachbücher heraus: »Die Alpenwälder, für Naturforscher und Forstmänner« und »Der schweizerische Gebirgsförster, oder deutliche und genaue Anweisung für Forstbedienstete«.

Daneben war er Familienvater, der seine Aufgabe ungewöhnlich ernst nahm. Er leitete selber die Schulung und Ausbildung seiner Kinder, entwickelte in Kenntnis der pädagogischen Autoritäten seiner Zeit – Basedow, Campe, Fellenberg, Pestalozzi – eigene didaktische Methoden. Von seinen Söhnen mußte jeder, bevor er ein Studium antreten durfte, einen handwerklichen Beruf gelernt haben. Erziehung war auch schriftstellerisch sein Thema.

Er war aber nicht nur Pädagoge im familiären Kreis, sondern gründete 1819 den Bürgerlichen Lehrverein in Aarau. Es war eine Art Volkshochschule, in der junge Leute, die sich den Besuch von Mittel- und Hochschulen nicht leisten konnten, gratis unterrichtet wurden. Zschokke führte weiter, was er am Lehrinstitut von Reichenau begonnen hatte, und als er Ignaz Paul Vital Troxler als Schulleiter gewinnen konnte, begann der Zuzug von Studenten nicht nur aus der ganzen Schweiz, sondern auch aus dem Ausland.

Vor allem aber war er Redaktor, Journalist, Herausgeber, Publizist. Als Pestalozzi mit seinem Auftrag, im Dienst der helvetischen Regierung eine Volkszeitung herauszugeben, scheiterte, erklärte ihm Zschokke, warum das mißlingen mußte: Eine von einer Regierung herausgegebene Zeitung sei nie glaubwürdig, und die Sprache, in der Pestalozzi schreibe, sei nicht die des Volkes. Wie man es besser machen konnte, sollte die erstmals 1798 von Zschokke herausgegebene Wochenzeitung »Der aufrichtige und wohlerfahrne Schweizer-Bote« beweisen, die vom Publikum sofort akzeptiert wurde. »Mein Schweizer Bote wird izt so stark vom Landmann gelesen, daß er in der Zeit von fünf Wochen 3000 Abonnenten erhalten hat und in den nächsten Wochen vielleicht noch einmal soviel zählt«, berichtete er am 20. Dezember 1798 an Stapfer. Rund zwei Jahre lang erschien dieses Organ, am 17. Dezember 1800 wurde die letzte Ausgabe der ersten Serie veröffentlicht – Zschokke hatte als helvetischer Beamter andere Aufgaben. Aber nach dreijähriger Pause und nach dem Untergang der Helvetischen Republik trat der »Schweizer-Bote« wieder vors Publikum und behielt seine meinungsbildende Rolle bis über die Mitte der 30er Jahre hinaus, bis Zschokke sich langsam von der Redaktion zurückzog.

Aus heutiger Sicht überraschend ist es, Zschokke mit Problemen befaßt zu sehen, die man bei einem Zeitungsmacher vor 1800 nicht vermutet hätte. Er stellte sich nicht nur Fragen nach der Art der Sprache und also des Schreibens, er machte sich auch Gedanken über Zeilenbreite, Mehrspaltigkeit, Farbgebung, Illustrationen und sogar die Papierqualität: »Kein weißes, feines Papier; das taugt für zarte Hände in der Stadt; graues, dickes Papier, das zwischen den Fingern ertastbar ist,

Bild 10

N°. 1.

Freytags 4ten Jenner 1805.

Der aufrichtige und wohlerfahrne

Schweizer-Bote.

(Gedruckt in Aarau.)

I.

Am Neujahrs-Morgen.

Da liegt es vor uns, das neue, fremde Jahr, wie ein grosses Land voller Nebel, durch welches wir wandern sollen.

Und wir wandern fort. Jeder Tag ist ein Ruhepunkt. Und wir sehn in den Nebeln nur immer einen Tag weit, und oft auch kaum soviel. Was vergangen ist, sehn wir auch nicht mehr, als nur in der Erinnerung.

So eilt rastlos das grosse Menschengeschlecht durch die Dämmerungen und Finsternisse des Lebens. — Alles will vorwärts, immer vorwärts. Alle laufen um die Wette.

— Und wohin denn so eilig, ihr Herrn und Frauen? — frag' ich.

„Ach, ich mögte in der nebelvollen Zukunft nur ein eignes Haus finden!" ruft der eine.

„Und ich eine oder zwey Juchart Landes zu Hauf und Erdäpfeln!" sagt der zweyte.

„Und ich eine hohe Ehrenstelle!" sagt der dritte.

„Und ich einen warmen, hellen Rock!" sagt der Bettler.

„Und ich ein hübsches Töchterlein zur Frau!" sagt der Jüngling.

„Und ich Gesundheit!" sagt der Kranke.

„Und ich eine königliche oder kaiserliche Krone!" sagt der Ehrgeizige.

„Und ich ein Stück Brod!" sagt der Hungrige.

„Und ich ein Loch aus dem Gefängniß!" sagt der Dieb.

„Und ich einen schweren Sack mit Goldstücken!" sagt Hans Nimmersatt.

So will jeder etwas anders. So läuft jeder suchend vorwärts, in das Land der Nebel – jeder voll schöner Hoffnungen, in das neue, unbekannte Jahr hinein.

Mancher findet statt des Geldsacks den Bettelstab; mancher statt des eigenen Hauses das

Titelblatt des Schweizer-Boten aus der zweiten Serie nach 1804, datiert vom Januar 1805. Die Schweiz verfügt über kein Staatswappen, die Wappen der 19 Kantone symbolisieren die mediatisierte Schweiz.

Privatbesitz Basel

welche durch harte Tagesarbeit hornartig geworden sind«. Für ebenfalls von ihm betreute Kalender schlug er schwarz-rote Titelblätter vor. (Der Einfluß von Zschokkes Konzepten auf den Kalendermacher Johann Peter Hebel ist unübersehbar, freundschaftliche Bindungen bestanden.)

Die Zeitung war nur ein Kind aus der Familie der von Zschokke betreuten Periodika. 1808 bis 1816 erschienen die »Stunden der Andacht«, eine fortlaufende Erbauungsschrift, die nachher in Buchform gewaltige Auflagen erlebte. 1807 ließ Zschokke »Miszellen für die Neueste Weltkunde« erscheinen, die 1813 verboten wurden. Von 1817 an betreute Zschokke die »Überlieferungen zur Geschichte unserer Zeit«, die große Aufregung bei der wieder eingeführten Zensur schafften. Eine 1811 bis 1827 von Zschokke herausgegebene Monatsschrift hieß »Erheiterungen«, ein weiteres Periodikum der Jahre 1832/3 nannte sich »Prometheus«. In heutiger Terminologie gesagt: Zschokke gab sich klar Rechenschaft über die Segmentierung einzelner Zielgruppen und legte jede Publikation auf eine solche an.

Er war auch Historiker. In Reichenau hatte er schon 1798 eine »Historische Skizze« der »drey ewigen Bünde im hohen Rhätien« veröffentlicht. 1810 schrieb er eine sechsbändige Geschichte von Bayern, die er nicht dem regierenden König, sondern dem Volk widmete. Historisch und biografisch zugleich ist seine »Selbstschau«, sind seine Reflexionen über die Periode der Helvetik.

Dazu kommen in geradezu überwältigender Fülle die literarischen Arbeiten, Novellen, Erzählungen, Kurzgeschichten, Rechenschaftsberichte, biografische Skizzen und herausgegebene Korrespondenzen. Die bei Sauerländer 1825–1828 publizierten »Ausgewählten Schriften« umfassen schon 20 Jahre vor seinem Tod 40 kleinformatige Bände – und Zschokke schrieb weiter.

Seine Tätigkeit als Politiker läßt sich von seiner schriftstellerischen nicht trennen. 1814 bis 1830 war er Mitglied des Großen Rates im Aargau. 1830 trat er dem Verfassungsrat bei, demissionierte aber bald. 1832/3 befaßte er sich mit dem Problem einer Bundesrevision. Tief involviert sah er sich in Fragen der Pressefreiheit und Zensur, in das sogenannte Presse- und Fremdenkonklusum, eine Frucht des Metternichschen Drucks auf die Schweiz, in die Aargauer Klosterfrage. Er war – und da wirkt er nun sehr schweizerisch – ein typischer Miliz-Politiker; in der Vorrede zu seinen »Ausgewählten Schriften« von 1825 zählt er die Ämter und Geschäfte auf, »die, wie gewöhnlich in der Schweiz ohne Gehalt, meistens nur mit Aufopferung und Verantwortlichkeit verbunden waren«: evangelischer Kirchenrat, Bezirksschulrat, Bibliothekskommission, Kantonsschuldirektion, Schulpflege, Land-, Fabrik- und Stadtschulinspektorat.

Der preußische Gesandte Gruner schrieb 1819 über Zschokke: »Eine geschickte Feder und Kenntnisse kann man dem Menschen nicht absprechen, aber den Charakter, den er in den Augen der Welt sich gern an-

Bild 11

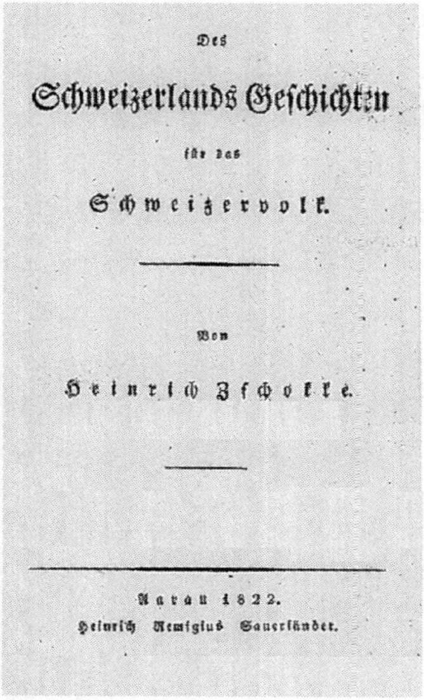
Des

Schweizerlands Geschichten

für das

Schweizervolk.

Von

Heinrich Zschokke.

Aarau 1822.

Heinrich Remigius Sauerländer.

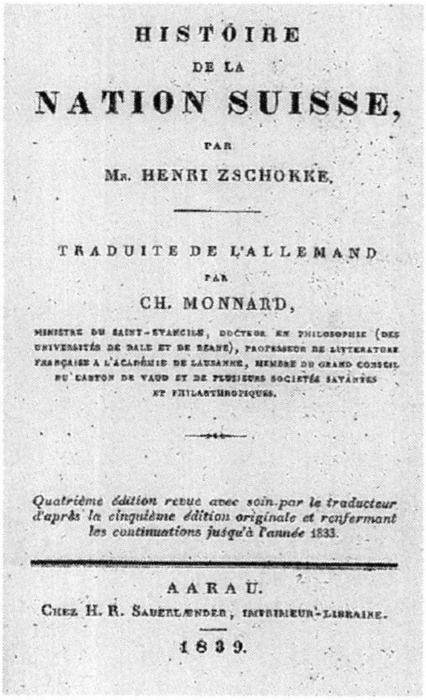
HISTOIRE

DE LA

NATION SUISSE,

PAR

Mr. HENRI ZSCHOKKE.

TRADUITE DE L'ALLEMAND

PAR

CH. MONNARD,

MINISTRE DU SAINT-ÉVANGILE, DOCTEUR EN PHILOSOPHIE (DES UNIVERSITÉS DE BALE ET DE BERNE), PROFESSEUR DE LITTÉRATURE FRANÇAISE A L'ACADÉMIE DE LAUSANNE, MEMBRE DU GRAND CONSEIL DU CANTON DE VAUD ET DE PLUSIEURS SOCIÉTÉS SAVANTES ET PHILANTHROPIQUES.

Quatrième édition revue avec soin par le traducteur d'après la cinquième édition originale et renfermant les continuations jusqu'à l'année 1833.

AARAU.

CHEZ H. R. SAUERLÆNDER, IMPRIMEUR-LIBRAIRE.

1839.

Die Schweizer Geschichte in der Originalausgabe von 1822 und in einer späteren französischen Ausgabe von 1839, beide bei Sauerländer in Aarau gedruckt.

Firmenarchiv Sauerländer

eignen möchte, und leider die blinde Menge ihm zuspricht, hat er durchaus nicht.« Ein österreichischer Spitzelbericht vom Dezember 1822, in dem er als »athletischer Fünfziger voll schöpferischer Kraft, Lebendigkeit und hohem Ernst« und als »blühender Anhänger der helvetischen Prärogative, leidenschaftlicher Kosmopolit« bezeichnet wird, hält fest: »Zschokke ist weit, sehr weit davon entfernt, mit dem System der großen

Mächte übereinzustimmen.« Und über die Schweiz ist dort zu lesen: »Denn diese Republik ist nicht eine jugendliche bodenlose Pflanze, sie ist ein starker markvoller wurzelfester Baum. Auf einer historischen Grundlage consolidiert, hat der Nationalcharakter der Schweizer eine Reife, eine gewisse Würde erreicht, die weniger revolutionären Bewegungen günstig seyn mögen, als die Schweizer mit ihrem Lose zufrieden sind, und in die Angelegenheit fremder Völker sich nicht einmengen.«

Da liegen mehr als 25 Jahre zwischen den Schilderungen Zschokkes vom Zustand der alten Schweiz und diesem (nach Paul Schaffroth von einem unbekannten Autor stammenden) erstaunlich anerkennenden Spitzelbericht. Die Schweiz hatte sich in dieser Spanne einer Generation entscheidend verwandelt. Welchen Anteil hatte Zschokke daran?

In seiner »Selbstschau« hatte er als Schwäche der Schweiz von 1798 festgehalten: Völkerschaften einander nur dem Namen nach bekannt, ohne geschichtliche Erinnerungen und Sitten, ohne Geistesbildung und bürgerliches Bedürfnis. Zum Historiker Zschokke zählen auch seine im »Schweizer-Boten« veröffentlichten Kapitel aus der Schweizer Geschichte, die bei Sauerländer 1822 in einer »wohlfeilen Original-Ausgabe« als »Des Schweizerlands Geschichten für das Schweizervolk« herauskamen. Sie sind es eigentlich, die in der Nachfolge von Johannes von Müllers »Geschichten Schweizerischer Eidgenossenschaft« das Geschichtsbild der damaligen und noch der heutigen Schweiz geprägt haben. Müller war fasziniert von den dynastischen Verflechtungen im Hintergrund der alten Eidgenossenschaft – Zähringern, Habsburgern, Kiburgern –, von den Beziehungen der Herren von Toggenburg, Rapperswil, Greyerz, Valangin, seine Geschichte endete im 15. Jahrhundert. Zschokke schrieb über die Völkerschaften, die einzelnen Stände, Kantone, Talschaften, vor allem führte er seine Schweizer Geschichte weiter über die Reformation, die Bauernunruhen des 17. Jahrhunderts, die Aufstände und den Widerstand gegen absolutistische Herrschaftsformen hinaus. »Warum die alte Eidsgenossenschaft immer in größeren Verfall gekommen« hieß das Kapitel über die Jahre 1755–1761; ein späteres Kapitel lautete »Untergang der alten Eidsgenossenschaft«, das Kapitel 62 galt Napoleon, das Kapitel 63 der Erneuerung der alten Eidgenossenschaft im Bund der 22 Kantone von anno 1815. Das heißt er führte seine in einfachsten Sätzen geschriebene Geschichte für das Schweizervolk möglichst nah an die Gegenwart heran, er wollte einer durch die Französische Revolution, die Helvetik, die Mediation und Napoleon verunsicherten Nation eine verläßliche Grundlage geben, auf der sie ihre staatliche Gemeinschaft begreifen konnte. Und diese Grundlage war unzweifelhaft republikanischer Natur. Das kleinformatige Buch von Sauerländer wurde nicht zuletzt aus diesem Grund zu einem wahren Volksbuch und geistert noch immer im heutigen Geschichtsbild der Schweizerinnen und Schweizer herum.

Aber Zschokkes Ehrgeiz ging weiter, zielte höher. Geschichtsbewußtsein bildet sich nicht nur aus Geschichtsbüchern, es braucht die literarische und gesellschaftliche Einbindung. Einzelne Erzählungen Zschokkes gelten historischen Stoffen, in andern tauchen Szenen der jüngsten Vergangenheit auf, etwa die Auseinandersetzungen zwischen Franzosen und Bündnern im Vorderrheintal. Das Europa der Regeneration ist immer noch ein teilweise fürstliches Europa; die Helden Zschokkes leben an Fürstenhöfen, in gräflichen Schlössern, als Gäste von Ministern, daneben finden sie Unterschlupf in den einfachsten Bürger- und Bauernhäusern. Eine äußerst merkwürdige Verknüpfung von Geschichte, historischer Kritik, aktueller Politik, politischen Utopien (etwa im »Narr des 19. Jahrhunderts«) sollte ein geistiges, zugleich gesellschaftliches und politisches Orientierungssystem für alle Schweizerinnen und Schweizer schaffen, ein durchaus nationales, aber in die Nachbarstaaten geöffnetes Bewußtsein, das erstaunlicherweise noch heute zu den Grundmelodien der schweizerischen Gefühlslage gehört. »Ich aber spreche zu einem republikanischen Volk, das täglich selbst auf der Bühne noch handelt und ferner handeln muß«, sagt er selber. Und der Erfolg? »Die Entschleierung alter, glanzvoller Zustände der Schweiz und nachfolgender schuld- und schmachvoller Tage, vor den Augen alles Volks, blieb nicht ohne Wirkung.«

Ein Nationalgefühl im Sinn eines Selbstverständnisses nährt sich aber nicht allein aus geschichtlichem Wissen – emotionale Werte, Bilder, Melodien, Rituale gehören dazu. Und gewiß – wir sind ja in der Zeit der Romantik – auch Sagen, Märchen, mündlich überlieferte Geschichten. Da wird es spannend, Zschokke in seinem Bemühen zu verfolgen, der Schweiz auch eine eigene Mythologie zu vermitteln. In seinen »Novellen und Dichtungen« finden sich einzelne Texte, die ihn bewußt an der Arbeit an solchen Stoffen zeigen. »Erzählungen im Nebel« nennt sich eine kleinere Textgruppe, und dort findet sich der verräterische Satz aus Zschokkes Feder: »Wir hätten zu unserer Geschichte wohl des fabelhaften Hintergrundes zu einem Epos genug, wollte sich nur Jemand einmal die Mühe geben, die Bruchstücke dazu aus halbverweseten Chroniken, oder aus Erzählungen zu sammeln.« Die kleinen Erzählungen, die Zschokke selber beisteuert, hat er wohl nicht als die Erfüllung dieses Programms betrachtet, eher als Köder für in dieser Beziehung talentiertere Leute. Wer sollten sie sein? Dichter von überragender Wortgewalt, ein Homer, ein (damals noch nicht als Fälscher erkannter) Ossian, also Dichter von ganz anderer Statur als ein Albrecht von Haller, ein Salomon Gessner, ein Gaudenz von Salis-Seewis, die Zschokke nur als Wegbereiter und Vorläufer eines poetischen Genies gelten läßt. Er selber will dieses nicht sein, aber er versucht sich an den Stoffen. In der Erzählung »Der Hirt vom Helisee« entwirft er sogar eine Göttin namens Helva, die zwei Brüder Muck und Eiger neben sich hat. (Jungfrau, Mönch und

Bild 12

In der in Karlsruhe und Leipzig verlegten Luxusausgabe »Die Klassischen Stellen der Schweiz« von Heinrich Zschokke sind sehr bewußt geschichtsträchtige Örtlichkeiten ausgewählt. Im Begleittext zur Teufelsbrücke weist Zschokke ausdrücklich auf den Neubau aus dem frühen 19. Jahrhundert hin.

Privatbesitz Basel

Eiger werden personifiziert.) Der Hirte Erni entdeckt zuerst das Standbild der Göttin, dann die Göttin selber, die ihn dazu bewegt, ihr Standbild zu zerschmeißen, um sie in der Realität zu lieben. (Die alte Eidgenossenschaft mußte zertrümmert werden, um der neuen Republik in der Gegenwart Platz zu machen.) Die in der Erzählung auftretenden Zuhörer verdeutlichen, worauf Zschokke zielt: »Höhren Sie doch, ein Mythos ersten Ranges, sag' ich. Merken Sie denn nicht Helva's Volk, die Helvetier! Helva und die Elfen mit ihr, die nordischen Alfa, Berggeister!«

Zu den emotionalen Werten gehört auch – hier ergänzt Zschokke literarisch die große Zahl der Landschaftsmaler – die Entdeckung der heimatlichen Landschaft. Durch sein ganzes Werk zerstreut finden sich Landschaftsschilderungen, Zschokke gehört zu den frühen Entdeckern des Engadins. Kapitelweise und fast schon im Stil eines historisch-touristischen Führers hat er ausgewählte landschaftliche Punkte beschrieben, ganz bewußt mit geschichtlichen Details angereichert; die in Deutschland publizierte Luxusausgabe dieses Werkes umfaßte kostbare Abbildungen in der feinsten englischen Manier.

Man findet bei Zschokke zahlreiche Stellen, aus denen unmißverständlich abzulesen ist, daß er ganz bewußt am Werk war. »Mein wahrer Zweck war, das Schicksalsgemälde der Schweiz, in einem engen Rahmen, so klar, so leicht übersehbar, aufzustellen, daß sich das besondere Leben der vielen kleinen, lose verknüpften Staaten darin zu einem einzigen Leben aufzulösen scheine ...«

Es müßte noch von Zschokke dem Gesellschaftsgründer die Rede sein; zur Zeit, da Ende 1798 Luzern die Hauptstadt der Schweiz wurde, begann er damit. Es müßte von Zschokke als dem Freund und Partner der geistigen und politischen Größen seiner Epoche die Rede sein. Hinter dem von Zschokke verehrten César de la Harpe taucht der Schatten des Zaren Alexander auf, hinter dem Zschokke wohlgesinnten französischen Gesandten Reinhard, dem Freund Goethes, der Schatten Napoleons. War nicht kurz vor der Zeit Zschokkes am Institut in Reichenau ein Herzog von Chartres dort Schulmeister gewesen? Er bestieg später als der Bürgerkönig Louis Philippe Frankreichs Thron. Der abgesetzte Schwedenkönig Gustav Adolf IV. bat Zschokke, als er 1821 in Aarau wohnte, mehrmals darum, als Offizier ins aargauische Militär eintreten zu dürfen. Maximilian Josef, König von Bayern, lud Zschokke nach Nymphenburg ein. Hortensia, die napoleonische Königin von Holland und ihr Sohn Louis Napoleon, der spätere Kaiser Napoleon III., suchten Zschokke, wie er selber sagt, in seiner Einsiedelei auf. Hinter den Herrschern die Minister, hinter den Ministern die Generäle, daneben die ausländischen Gesandten, die Landammänner, Schultheißen und Bürgermeister aus den Kantonen – Zschokke stand neben ihnen, zwischen ihnen, mitten unter ihnen. Das gefiel ihm, er war in seinem Element. Es war unendlich reizvoll, gerade in dieser stürmischen Zeit Schweizer (geworden) zu sein, denn diese selbstgewählte Plattform, die sich von innen heraus fortschrittlicher als die sie umgebenden Monarchien entwickelte, schenkte Zschokke einen Wirkungskreis, wie er ihn in seiner alten Heimat nie hätte finden können.

Es ist nicht zu bezweifeln: Für die Schweiz des frühen 19. Jahrhunderts darf der eingewanderte Magdeburger als der erfolgreichste Erfinder schweizerischer Eigenart gelten. Da er auch auf französisch und italienisch übersetzt wurde, umfaßte sein Wirkungskreis die ganze Schweiz – die Freundschaft und Korrespondenz mit dem in Genf niedergelassenen Karl Victor von Bonstetten ist so etwas wie eine goldene Spange dieses deutsch-welschen Verhältnisses. Aber nicht zu vergessen: Zschokkes Geburtsdatum 1771. Er wurzelte im 18. Jahrhundert, und im 18. Jahrhundert war es gang und gäbe, daß ein politisch begabter Mann in die Dienste eines auswärtigen Souveräns trat. Nur daß sich Zschokke jetzt eben keinen fürstlichen, sondern einen demokratisch-republikanischen Souverän erwählte.

Das hier von Zschokke gezeichnete (und in keiner Weise vollständige) Bild wäre lückenhaft, wenn ich nicht noch eine Bemerkung zu seinem Nachruhm anfügte. Um die Mitte des 19. Jahrhunderts galt er nicht nur in der Schweiz, sondern auch in Deutschland und andern europäischen Staaten als großer Autor, wetteiferte in der Höhe der Auflagen mit Goethe. In den Büchergeschäften unserer Urgroß- und Großväter war er noch zu finden. Nach dem Ersten Weltkrieg begann er als altmodisch zu gelten, nach dem Zweiten Weltkrieg wurde er kaum noch gelesen. Moderne Ausgaben von Zschokke – mit Ausnahme der »Selbstschau« – existieren nicht. Die immense Masse seiner Korrespondenz – allein im Archiv Sauerländer liegen gegen 400 Briefe – ist nicht ediert; das Vorhaben wäre für einen einzelnen Verleger kaum zu bewältigen. Ein großer, vielleicht sogar der bedeutendste Wegbereiter der Schweiz von 1848 stürzt ins Vergessen ab, aus dem zu retten sich niemand anschickt.

Niemand? Es gehört zur Ironie so gut wie zur Logik der geschichtlichen Erinnerung, daß das letzte größere Werk über Heinrich Zschokke und seinen »Aufrichtigen und wohlerfahrenen Schweizerboten« aus dem Jahr 1983 vom deutschen Historiker Holger Böning stammt. Es ist eine ausgleichende, zugleich grenzüberschreitende Gerechtigkeit, daß ein bundesdeutscher Forscher die für die schweizerische Bewußtseinsbildung ausschlaggebende Figur gerade in dem Augenblick wieder entdeckt, da sich in der Schweiz, weder auf der Ebene der Landesregierung noch der Kulturämter noch der Universitätsinstitute, niemand mehr seiner annimmt.

9. Das Territorium der Deutschen Republik

Einen letzten, fast anekdotischen Beitrag zur Erfindung der Bundesrepublik stellen die Ereignisse aus den Jahren 1848/9 dar. In Frankfurt tagen Vorparlament und Bundesversammlung. Unruhe herrscht quer durch Europa. Neapel-Sizilien bekommt eine konstitutionelle Verfassung, in Italien setzt sich die Zeitschrift »Il Risorgimento« für einen italienischen Nationalstaat ein. Im Februar 1848 bricht in Paris die Revolution aus, der Bürgerkönig tritt ab. Mitte März Aufstand in Wien, Metternich muß weg. Am 18. März schickt der König in Berlin Soldaten gegen die Bürger. Böhmen und Ungarn sind unruhig, derweilen die Schweizer soeben einen Bürgerkrieg, den Sonderbundskrieg, in einer Art Polizeiaktion hinter sich gebracht haben und im zweiten Anlauf nach 1798 ihren Bundesstaat einrichten.

Baden (mit den Farben gelb-rot!) war unter seinen Großherzögen letztlich von Napoleons Gnaden ein zum Aufruhr und Widerstand und in vielen Herzen republikanisch geneigtes Land geblieben. Seine territoriale Gestalt, das Winkeleisen vom Bodensee bis zur Basler Ecke und von dort hinunter bis Heidelberg, schuf eine durchgehende Nachbarschaft mit Staaten, die wie die Schweiz seit jeher republikanisch gesinnt und wie Frankreich die Mutter der modernen Republiken waren. Auf die Nachrichten aus den großen europäischen Städten mußte das Land sich bewegen. In Paris saß der aus Stuttgart stammende einstige Theologiestudent und jetzige Schriftsteller Georg Herwegh, der 1841 in Zürich unter dem Beifall Gottfried Kellers revolutionäre Gedichte publiziert hatte. Er kündigte, unterstützt von nach Paris geflüchteten Landsleuten, die Aufstellung einer Demokratischen Legion an, die Süddeutschland befreien würde. Der erste badische Aufstand fiel in das Frühjahr 1848, ein zweiter folgte im Herbst, ein dritter, der gravierendste, im nächsten Jahr. Auf der einen Seite stand die extrem verunsicherte großherzogliche Regierung, die gegen die Aufstände hessisches und württembergisches Militär zu Hilfe rief. Auf der andern Seite standen radikale und fast schon kommunistisch gesinnte Republikaner, die eine Badische Republik oder ein republikanisches Deutschland, mehr demokratische Rechte, keine Zensur, finanzielle Erleichterungen verlangten, zugleich genossenschaftlichen Ideen anhingen. In Konstanz riefen sie am 12. April 1848 die Republik aus. Sie konnte aber nicht reüssieren, falls man nicht Freiburg und Karlsruhe besetzen und auf die Seite des Aufstandes bringen würde. Also brach man, abenteuerlich und zum Teil nur mit Sensen bewaffnet, westwärts auf.

Es waren mehrere solcher Züge, geleitet von Friedrich Hecker, einem schönen und menschenfreundlichen Mann, und Gustav von Struve, einem in sich gekehrten, akademisch theoretisierenden und in der Praxis ungeschickt handelnden Revolutionär. Zu ihnen stieß, militärisch so gut wie ohne Bedeutung, von Paris aus die Gruppe um Georg Herwegh. Die verschiedenen bewaffneten Expeditionen zogen sich mehr oder weniger der Schweizergrenze entlang, gelangten über den Schwarzwald ins Wiesental, wo der badische Generalleutnant Friedrich von Gagern in einem Gefecht fiel. Freiburg aber blieb ein unerreichbares Ziel. Der Rhein, dessen linkes Ufer nach der Abdankung des Bürgerkönigs wieder republikanisch geworden war, bildete so etwas wie den Zaun, von dem die Aufständischen zurückgedrängt wurden. Dort geriet die buntscheckige Truppe in eine richtige Falle.

Ende April 1849 war es tatsächlich so, daß die revolutionäre Republik Deutschland die neben Kleinhüningen liegende und zu einem Teil den Baslern gehörende Schusterinsel (sie ist heute verschwunden) als ihr letztes Territorium hielt. Basler Magistraten gingen sie neugierig und verwundert besuchen, der bald 50jährige Hieronymus Heß, ein zeichnerisch hoch talentierter Mann, skizzierte die martialischen Freiheitskämpfer im Räuberkostüm. Die Freischärler erklärten die binationale Schusterinsel zu ihrem republikanischen Territorium, dann verpulverten sie die letzte Munition. Basel lehnte ihre Auslieferung an die deutschen Fürsten ab und half mit, daß die ganze Gesellschaft nach Frankreich abgeschoben werden konnte, wo sie die neugebaute elsäßisch-lothringische Eisenbahn besteigen durften. Für etwas mehr als zehn Tage

Bild 13

Hieronymus Heß, Süddeutsche Republikaner auf der Schusterinsel unterhalb von Basel.
Den Säbel schwingt August Willich, 1810–1878, ein ehemaliger preußischer Artillerieleutnant.
Basler Neujahrsblatt 1926

gab es somit auf der zu einem Drittel baslerischen Schusterinsel eine Deutsche Republik, die Anspruch auf das Miniatur-Territorium einer Rheininsel erhob.

Historisch darf man da weiterträumen: Wie hätten die Dinge sich entwickelt, wenn es dem badischen Aufstand gelungen wäre, auch Freiburg und Karlsruhe zu gewinnen? Wie hätte sich die Schweiz zu dieser süddeutschen Bewegung verhalten, wenn der neue Bundesstaat schon ein Jahr früher entstanden wäre? Welches Interesse hätte ein nicht selber in eine neuerliche

Revolution verstricktes Frankreich erkennen lassen? Wie hätte die Frankfurter Bundesversammlung auf eine überlebende badische Republik reagiert? Es hat nicht sollen sein. Die Wiege des deutschen Republikanismus sollte nicht aus einem Biedermeier-Zimmer, sondern aus einer Arbeiter-Wohnung kommen. Und es brauchte die von Hitler angerichtete Katastrophe, um ihn salonfähig zu machen. Auch darum sind heute Schweizer und Deutsche in ihrem nationalen Bewußtsein verschiedene Leute.

10. Schweizerisches Plädoyer

Von einem Schweizer stammt die Übersetzung des Namens für die Staatsform des heutigen Deutschland. In der Schweiz wurde der erste Verfassungsentwurf für ein republikanisches Deutschland gedruckt und wahrscheinlich auch redigiert. Bevor schwarz-rot-gold zu den deutschen Farben wurde, bezeichneten sie die Republik Genf und kamen für eine Nationalflagge der helvetischen Schweiz in Betracht. Eine gemeinsame süddeutsche-schweizerische Republik wünschten sich einige und nicht die schlechtesten Köpfe auf beiden Seiten des Hochrheins, und als das nicht ging, dachten wieder ganz andere an ein Königreich Helvetien bis an den Neckar oder den Main unter der Krone des badischen Hauses. Mit dem Wiener Kongreß begann die Schweiz auf eine faktische Außenpolitik zu verzichten. Es war ein Deutscher, der in den ersten 40 Jahren des 19. Jahrhunderts willentlich und wissentlich den schweizerischen Nationalcharakter heranbildete, und die in Deutschland eher als unerheblich betrachteten süddeutschen Revolutionäre installierten sich zuletzt auf einer Rheininsel, die zu einem Drittel den Baslern gehörte. Keine schlechte, wenn auch meistens übersehene schweizerisch-deutsche Gesamtbilanz.

Die Mehrzahl der heute in der Bundesrepublik und in der Eidgenossenschaft lebenden Leute ist nach dem Zweiten Weltkrieg geboren. Hitler und General Guisan (ein völlig ungleiches Paar) sind für sie schon historische Gestalten, bald nur noch – hoffentlich und hoffentlich nicht – Etiketten einer Epoche. Deutschland ist auf dem Schachbrett der Weltpolitik zwar noch nicht zu einem König oder einer Dame geworden, aber gehört zur Klasse der Türme, Läufer und Springer, am liebsten das erste, am wenigsten gern das letzte. Die Schweiz muß froh sein, wenn man ihr die Rolle eines Bauern zubilligt. Das ist noch nicht entschieden. Durch eigenes Verschulden kann sie da mit ihr in den Größenordnungen ähnlichen Nationen wie Irland oder Dänemark, Portugal oder Österreich kaum mithalten.

Gegen des Volkes Stimme ist in der Schweiz von heute politisch kein Kraut gewachsen. Die Nation, über ihr eigenes Verdikt gegen den UNO- und EWR-Beitritt selber erschrocken und teilweise empört, duckt sich jetzt in Erwartung der Strafen einer Hintansetzung durch die europäischen Schwesterrepubliken und liest gleichzeitig in den Zeitungen, daß sie sich in der Rezession der 90er Jahre leidlich gehalten und Genf (gegen Bonn) seine Rolle als internationaler Verhandlungsplatz noch einigermaßen behalten hat.

Der Souverän in der Schweiz ist nicht das Schweizervolk, sondern es sind letzten Endes die Völker der Kantone. Niemand ist Schweizerbürger, der nicht Kantonsbürger und dort eben Bürger (natürlich auch Bürgerin) einer Gemeinde ist. In der Sprache des 18. Jahrhunderts gesagt: Die Volksrepräsentanten der Schweiz sitzen im Nationalrat (vergleichbar dem Deutschen

Bundestag); die Standesherren (und -damen), also die Vertreter der Bundesstaaten, sitzen im Ständerat (vergleichbar dem Deutschen Bundesrat). Im Ständerat haben das Millionen-Zürich und die 39 000 Glarner je zwei gleichwertige Stimmen.

Was sind denn die Schwierigkeiten der Schweiz mit Europa? Wirtschaftlich sind es keine. Die Schweiz ist vielleicht sogar wie kein anderes Land ökonomisch in Europa integriert. In der Schweiz domizilierte Multis stecken ihre verschieden eingefärbten Stecknadeln nach Produktionsstätten, Vertriebsorganisationen, Forschungszentren, Beteiligungen und Lizenznehmern in die Landkarten sämtlicher Kontinente, am dichtesten des europäischen. Die Schwierigkeiten der Leute in der Schweiz, auch wenn sie das nicht immer so zu formulieren wissen, sind letzten Endes eigentlich verfassungsrechtlicher Natur.

Weil die Schweiz, alles in allem, politisch zwischen 1798 und 1848 eine quantité négligeable, eine zu vernachlässigende Größe, darstellte, hatte sie das Glück, in diesen 50 Jahren eine Unmenge von konstitutionellen Möglichkeiten fast labormäßig in den Kantonen durchzuspielen und in Varianten auszuprobieren. Das Ergebnis war die Bundesverfassung von 1848, und diese wurde vom Volk, den Völkern der Kantone, zwar nicht einstimmig, aber mehrheitlich angenommen.

Wenn die Geschichte Lektionen erteilt, sind es fast immer undeutliche Lektionen. Es bringt letzten Endes nichts, ob wir die Europäische Union als Rheinbund,

Heilige Allianz oder Bismarckschen Zollverein interpretieren. Eine gewisse Ausnahmesituation für die Schweiz besteht vor allem in der Kontinuität einer 150jährigen Verfassung, die in manchen Teilen auf einen 200jährigen Staatsentwurf zurückgeht. Da gleicht die Schweiz mehr den USA als europäischen Nationen. Sie befindet sich – bei allem Krisengerede – in einem Zustand der relativen Zufriedenheit, auch wenn er manchen Schweizerinnen und Schweizern als Zeichen eines unwillkommenen Immobilismus erscheint. Die zwingenden inneren Gründe, mit ihm aufzuräumen, sind nicht gegeben; ob äußere Gründe die Schweiz veranlassen werden, mit ihm zu brechen, ist eine Frage, auf die es noch keine Antwort gibt.

Einer der stärksten Befürworter der europäischen Einigung und Integration ist heute die Bundesrepublik Deutschland. Die Bürgerinnen und Bürger der Schweiz, auch die im Welschland, im Tessin oder im rätoromanischen Graubünden, wissen um die Bedeutung des nördlichen Nachbarn. Sofern sie lesen, schreiben und Ansprachen halten, gehören sie zum deutschen Kulturraum, den sie aus Selbstachtung größer als die Bundesrepublik verstehen. Über die wirtschaftliche, verkehrstechnische, währungstechnische, wissenschaftliche Verflechtung mit Deutschland brauchen keine Referate gehalten zu werden, sie sind evident und alltäglich. In all diesen Dingen und sogar familiär sind die Bundesdeutschen – wie die Franzosen für die Welschen – die nächsten und engsten Nachbarn.

Daß die Schweiz unter einem Druck von außen sich wandelt, wäre nicht das erste Mal. In dieser Beziehung ist die Lektion der Geschichte nicht undeutlich. Die erste Verfassung für die nachrevolutionäre Schweiz kam aus Frankreich. Die Auflösung der napoleonischen Schweiz begann (nach einem eklatanten Neutralitätsbruch) mit dem Ritt des österreichischen Kaisers, des preußischen Königs und des russischen Zaren über die Basler Rheinbrücke. Der Berner Kommandant der eidgenössischen Truppen, die Basel hätten verteidigen müssen, hieß Herrenschwand und wurde, als er sich zurückgezogen hatte, vom Basler Spott Herr Verschwand getauft. Die schweizerischen Zensurbehörden zur Zeit des aufkommenden Liberalismus funktionierten nach den Wünschen aus Wien und Berlin, Zschokke wußte davon ein Lied zu singen.

Die Verbindung, teilweise Verkettung der Schweiz mit Deutschland ist durch das ganze 19. und 20. Jahrhundert eine mehr im stillen als auf der öffentlichen Bühne wirksame Kraft. Der Beitrag der deutschen Liberalen zum schweizerischen Liberalismus, der deutschen Handwerksgesellen und Arbeiter zur schweizerischen Sozialdemokratie, der deutschen Pfarrer und Theologen zum religiösen Sozialismus ist kaum zu überschätzen. Die wilhelminische Arroganz und die geistige Armseligkeit des Nationalsozialismus haben die Schweiz sogar aus einer gewissen Abhängigkeit – gnädig, ist man versucht zu sagen – entlassen. Es sind, was Zschokke so noch nicht zu formulieren wußte, historisch zwei durchaus verschiedene, wenn auch verwandte Nationen herangewachsen.

Von da aus betrachtet – und das heißt von heute aus gesehen – wären eine gemeinsame schwäbisch-schweizerische Republik oder gar ein Königreich Helvetien kaum denkbar gewesen. Aber das ist eine Rückprojektion, die ihre Plausibilität aus zwischenzeitlichen Ereignissen bezieht. 1797 hätten wohl mehr Schweizer als Süddeutsche gewettet, daß ein republikanischer Einheitsstaat chancenlos sei; in der Schweiz entstand er, in Süddeutschland nicht. Umgekehrt hätten wohl mehr Süddeutsche als Schweizer gewettet, daß die von Napoleon geschaffenen Königreiche und das Großherzogtum die napoleonische Aera nicht überdauern würden – sie blieben bis zum Bismarckschen Kaiserreich und sogar formell bis 1918 bestehen.

Der entscheidende Unterschied zwischen den Süddeutschen und den Schweizern bildtete sich erst im Lauf des 17. und 18. Jahrhunderts heraus. Die Regierenden in der Schweiz waren letzten Endes, so junkerhaft oder patrizisch sie sich auch gaben, Angehörige republikanischer Gemeinwesen. Eine Einheitsrepublik war ihrem Partikularismus fremd, nicht aber die republikanische Staatsform. Ein personifizierter Landesherr weltlicher oder geistlicher Art war den Süddeutschen nicht fremd; war der eher ein aufgeklärter Herr wie der Markgraf Karl Friedrich, ließ sich unter seinem Regiment sogar besser leben als in der Schweiz.

Politisch hätten aus diesem unterschiedlichen

Staatsgefühl eine gemeinsame schwäbisch-schweizerische Republik oder ein entsprechendes Königreich Helvetien wenig getaugt. Sie wären beide wohl unregierbar geworden. Der Widerstand der innerschweizerischen Kantone gegen die französische Besatzung hatte gezeigt, daß auch militärische Befriedungsaktionen eine kostspielige Sache waren; ein badisches Heer wäre, wenn überhaupt, äußerst unlustig marschiert. Die helvetische Staatsumwälzung in der Schweiz hingegen war nicht nur französischer Import, sondern wurde – was die schweizerische Geschichtsschreibung später gelegentlich unterschlug – auch von einem starken aufgeklärten Bürgertum und liberalen Aristokraten getragen, die selbstbewußter als in Süddeutschland waren und häufig aus der alten Ratsherrenschicht kamen.

Und heute? Heute sieht sich die Schweiz wieder rings von einem heranwachsenden Staatsgebilde umgeben. Wird sie erneut zu einer Oase (freilich nicht durch leere Kassen ausgezeichnet), die des »philanthropischen Prunks wegen« dahinvegetieren darf? Umgekehrt werden heute gerade in Deutschland Bürgernähe, Föderalismus und Subsidiarität (nach Bundespräsident Roman Herzog ein unbrauchbares Abgrenzungsprinzip!) zunehmend als Begriffe auf eine Weise erklärungsbedürftig, zu der die Schweiz aus einer anders erlebten Geschichte das eine oder andere beitragen könnte. Das Vorhaben eines gemeinsamen Staates scheiterte – wir dürfen sagen: zum Glück. Das heißt nicht unbedingt, daß die historische Lektion dieser auf beiden Seiten des Rheins meist übersehenen oder vergessenen Kapitel als abgeschlossen gelten muß.

Die heutige Position der Schweiz als einsame Insel im Meer der auf Vergrößerung bedachten Europäischen Union erfüllt sie nicht mit Zufriedenheit. Sie wagt es kaum mehr, ihre eigenen Fragen an dieses gemeinsame Europa zu stellen. Diese Fragen könnten lauten:

Was ist das für ein verfassungsrechtliches Gebilde, dem beizutreten die Schweizerinnen und Schweizer eingeladen sind? Ist es ein Bundesstaat, ein Staatenbund, ein Bündnissystem oder letztlich doch nicht mehr als ein gemeinsamer Markt?

Wieso will diese Union auch politisch wirksam werden? Wenn hinter dieser Absicht der heimliche Wunsch nach Vereinigten Staaten von Europa als Analogie zum nordamerikanischen Kontinent stecken sollte – warum inventarisiert man dann nicht auch die historisch kategorischen Unterschiede zu diesem Staatsgebilde, das nur aus Verfassungkämpfen zu seiner jetzt dominierenden Bedeutung heranwuchs?

Wenn eine Europäische Union entstehen soll – welche Grundrechte und welche Volksrechte verspricht sie uns? Wie werden die Stimmen der Volksrepräsentanten und wie jene der Gliedstaaten gewogen?

Wie kontrollieren die Volksrepräsentanten die Regierung? Über welche Budgethoheit verfügt ein Europäisches Parlament?

Ist die Europäische Kommission eine Regierung,

eine Statthalterbehörde, oder bilden die Minister so etwas wie eine Tagsatzung?

Und werden die Europäer, sollte dieses Gebilde nicht von Dauer sein, dereinst wieder in ihre ursprüngliche Souveränität entlassen? Ist der Vertrag von Maastricht letzten Endes nun kündbar oder nicht?

Nach Montesquieu sollte eine Rückkehr in die einstige Souveränität immer möglich sein. Und dann hätte Johannes von Müller zu Recht von einer europäischen Bundesrepublik gesprochen. Einen Beitrag zu ihr, so erzählt uns die Geschichte, hat die Schweiz auf jeden Fall für die Bundesrepublik Deutschland geleistet. Für die Bundesrepublik Europa wäre er noch zu finden.

Wichtigste Literatur

Ulrich Beringer

Geschichte des Zofingervereins, Basel 1875

Holger Böning

Heinrich Zschokke und sein »Aufrichtiger und wohlerfahrener Schweizerbote«. Die Volksaufklärung in der Schweiz, Bern/Frankfurt/New York 1983

Holger Böning

Revolution in der Schweiz. Das Ende der alten Eidgenossenschaft. Die Helvetische Republik 1798-1803, Frankfurt/Bern/New York 1985

Erwin Dittler

Jakobiner am Oberrhein, Kehl 1976

Hellmut G. Haasis

Gebt der Freiheit Flügel, Reinbek bei Hamburg, 1988

Axel Kuhn

Freiheit, Gleichheit, Brüderlichkeit. Debatten um die Französische Revolution in Deutschland, Hannover 1989

Wilhelm Oechsli

Geschichte der Schweiz im Neunzehnten Jahrhundert, Leipzig 1913

Alfred Rufer
Das Projekt für eine bis zum Main reichende helvetische Republik aus dem Jahr 1799, in: Politische Rundschau 25, 1946
Paul Schaffroth
Heinrich Zschokke als Politiker und Publizist während der Restauration und Regeneration, in: Argovia 61, Aarau 1949
Heinrich Scheel (Hrsg.)
Jakobinische Flugschriften aus dem deutschen Süden Ende des 18. Jahrunderts, Berlin/DDR 1965
Heinrich Scheel
Süddeutsche Jakobiner, Klassenkämpfe und republikanische Bestrebungen im deutschen Süden Ende des 18. Jahrhunderts, 2. Auflage, Vaduz 1980
Uwe Schmidt
Südwestdeutschland im Zeichen der Französischen Revolution, Stuttgart/Ulm 1993
Gustav Steiner
Rheinbund und »Königreich Helvetien«. Basler Zeitschrift für Geschichte und Altertumskunde, 1918
Paul Wentzcke
Die deutschen Farben, Heidelberg 1955

Inhalt

Ein Wort des Dankes

Teile dieses Textes durfte ich in Manuskriptform Christian Bertin, Erwin Dittler, Ulrich Im Hof, Alfred Kölz, Günter Mattern, Christian Simon vorlegen und habe von ihren Bemerkungen und Anregungen profitiert. Die Schreibarbeiten am geduldigen Textautomaten besorgte mit großer Umsicht Viola Ratti.